海上絲綢之路基本文獻叢書

瀛寰譯音異名記（二）

〔清〕杜宗預 編

文物出版社

圖書在版編目（CIP）數據

瀛寰譯音異名記．二 /（清）杜宗預編．-- 北京：文物出版社，2022.7
（海上絲綢之路基本文獻叢書）
ISBN 978-7-5010-7704-5

Ⅰ．①瀛… Ⅱ．①杜… Ⅲ．①歷史地名－世界－古代 Ⅳ．①K916

中國版本圖書館 CIP 數據核字 (2022) 第 097142 號

海上絲綢之路基本文獻叢書

瀛寰譯音異名記（二）

編　　者：〔清〕杜宗預
策　　劃：盛世博閱（北京）文化有限責任公司

封面設計：鞏榮彪
責任編輯：劉永海
責任印製：張　麗

出版發行：文物出版社
社　　址：北京市東城區東直門内北小街 2 號樓
郵　　編：100007
網　　址：http://www.wenwu.com
經　　銷：新華書店
印　　刷：北京旺都印務有限公司
開　　本：787mm×1092mm　1/16
印　　張：12
版　　次：2022 年 7 月第 1 版
印　　次：2022 年 7 月第 1 次印刷
書　　號：ISBN 978-7-5010-7704-5
定　　價：90.00 圓

總緒

海上絲綢之路，一般意義上是指從秦漢至鴉片戰争前中國與世界進行政治、經濟、文化交流的海上通道，主要分爲經由黄海、東海的海路最終抵達日本列島及朝鮮半島的東海航綫和以徐聞、合浦、廣州、泉州爲起點通往東南亞及印度洋地區的南海航綫。

在中國古代文獻中，最早、最詳細記載『海上絲綢之路』航綫的是東漢班固的《漢書·地理志》，詳細記載了西漢黄門譯長率領應募者入海『齎黄金雜繒而往』之事，書中所出現的地理記載與東南亞地區相關，并與實際的地理狀况基本相符。

東漢後，中國進入魏晋南北朝長達三百多年的分裂割據時期，絲路上的交往也走向低谷。這一時期的絲路交往，以法顯的西行最爲著名。法顯作爲從陸路西行到印度，再由海路回國的第一人，根據親身經歷所寫的《佛國記》（又稱《法顯傳》）一書，詳細介紹了古代中亞和印度、巴基斯坦、斯里蘭卡等地的歷史及風土人情，是瞭解和研究海陸絲綢之路的珍貴歷史資料。

隨着隋唐的統一，中國經濟重心的南移，中國與西方交通以海路爲主，海上絲綢之路進入大發展時期。廣州成爲唐朝最大的海外貿易中心，朝廷設立市舶司，專門管理海外貿易。唐代著名的地理學家賈耽（七三〇～八〇五年）的《皇華四達記》記載了從廣州通往阿拉伯地區的海上交通『廣州通夷道』，詳述了從廣州港出發，經越南、馬來半島、蘇門答臘半島至印度、錫蘭，直至波斯灣沿岸各國的航綫及沿途地區的方位、名稱、島礁、山川、民俗等。譯經大師義净西行求法，將沿途見聞寫成著作《大唐西域求法高僧傳》，詳細記載了海上絲綢之路的發展變化，是我們瞭解絲綢之路不可多得的第一手資料。

宋代的造船技術和航海技術顯著提高，指南針廣泛應用於航海，中國商船的遠航能力大大提升。北宋徐兢的《宣和奉使高麗圖經》詳細記述了船舶製造、海洋地理和往來航綫，是研究宋代海外交通史、中朝友好關係史、中朝經濟文化交流史的重要文獻。南宋趙汝適《諸蕃志》記載，南海有五十三個國家和地區與南宋通商貿易，形成了通往日本、高麗、東南亞、印度、波斯、阿拉伯等地的『海上絲綢之路』。宋代爲了加强商貿往來，於北宋神宗元豐三年（一〇八〇年）頒佈了中國歷史上第一部海洋貿易管理條例《廣州市舶條法》，并稱爲宋代貿易管理的制度範本。

元朝在經濟上採用重商主義政策，鼓勵海外貿易，中國與歐洲的聯繫與交往非常頻繁，其中馬可·波羅、伊本·白圖泰等歐洲旅行家來到中國，留下了大量的旅行記，記録元代海上絲綢之路的盛况。元代的汪大淵兩次出海，撰寫出《島夷志略》一書，記録了二百多個國名和地名，其中不少首次見於中國著録，涉及的地理範圍東至菲律賓群島，西至非洲。這些都反映了元朝時中西經濟文化交流的豐富内容。

明、清政府先後多次實施海禁政策，海上絲綢之路的貿易逐漸衰落。但是從明永樂三年至明宣德八年的二十八年裏，鄭和率船隊七下西洋，先後到達的國家多達三十多個，在進行經貿交流的同時，也極大地促進了中外文化的交流，這些都詳見於《西洋蕃國志》《星槎勝覽》《瀛涯勝覽》等典籍中。

關於海上絲綢之路的文獻記述，除上述官員、學者、求法或傳教高僧以及旅行者的著作外，自《漢書》之後，歷代正史大都列有《地理志》《四夷傳》《西域傳》《外國傳》《蠻夷傳》《屬國傳》等篇章，加上唐宋以來衆多的典制類文獻、地方史志文獻，集中反映了歷代王朝對於周邊部族、政權以及西方世界的認識，都是關於海上絲綢之路的原始史料性文獻。

海上絲綢之路概念的形成，經歷了一個演變的過程。十九世紀七十年代德國地理學家費迪南・馮・李希霍芬（Ferdinad Von Richthofen，一八三三～一九〇五），在其《中國：親身旅行和研究成果》第三卷中首次把輸出中國絲綢的東西陸路稱爲『絲綢之路』。有『歐洲漢學泰斗』之稱的法國漢學家沙畹（Édouard Chavannes，一八六五～一九一八），在其一九〇三年著作的《西突厥史料》中提出『絲路有海陸兩道』，蘊涵了海上絲綢之路最初提法。迄今發現最早正式提出『海上絲綢之路』一詞的是日本考古學家三杉隆敏，他在一九六七年出版《中國瓷器之旅：探索海上的絲綢之路》中首次使用『海上絲綢之路』一詞；一九七九年三杉隆敏又出版了《海上絲綢之路》一書，其立意和出發點局限在東西方之間的陶瓷貿易與交流史。

二十世紀八十年代以來，在海外交通史研究中，『海上絲綢之路』一詞逐漸成爲中外學術界廣泛接受的概念。根據姚楠等人研究，饒宗頤先生是華人中最早提出『海上絲綢之路』的人，他的《海道之絲路與昆侖舶》正式提出『海上絲路』的稱謂。選堂先生評價海上絲綢之路是外交、貿易和文化交流作用的通道。此後，大陸學者馮蔚然在一九七八年編寫的《航運史話》中，使用『海上絲綢之路』一詞，這是迄今學界查到的中國大陸最早使用『海上絲綢之路』的人，更多地限於航海活動領域的考察。一九八〇年北京大學陳炎教授提出『海上絲綢之路』研究，并於一九八一年發表《略論海上絲綢之路》一文。他對海上絲綢之路的理解超越以往，且帶有濃厚的愛國主義思想。陳炎教授之後，從事研究海上絲綢之路的學者越來越多，尤其沿海港口城市向聯合國申請海上絲綢之路非物質文化遺産活動，將海上絲綢之路研究推向新高潮。另外，國家把建設『絲綢之路經濟帶』和『二十一世紀海上絲綢之路』作爲對外發展方針，將這一學術課題提升爲國家願景的高度，使海上絲綢之路形成超越學術進入政經層面的熱潮。

與海上絲綢之路學的萬千氣象相對應，海上絲綢之路文獻的整理工作仍顯滯後，遠遠跟不上突飛猛進的研究進展。二〇一八年厦門大學、中山大學等單位聯合發起『海上絲綢之路文獻集成』專案，尚在醖釀當中。我們不揣淺陋，深入調查，廣泛搜集，將有關海上絲綢之路的原始史料文獻和研究文獻，分爲風俗物産、雜史筆記、海防海事、典章檔案等六個類别，彙編成《海上絲綢之路歷史文化叢書》，於二〇二〇年影印出版。此輯面市以來，深受各大圖書館及相關研究者好評。爲讓更多的讀者親近古籍文獻，我們遴選出前編中的菁華，彙編成《海上絲綢之路基本文獻叢書》，以單行本影印出版，以饗讀者，以期爲讀者展現出一幅幅中外經濟文化交流的精美畫卷，爲海上絲綢之路的研究提供歷史借鑒，爲『二十一世紀海上絲綢之路』倡議構想的實踐做好歷史的詮釋和注脚，從而達到『以史爲鑒』『古爲今用』的目的。

凡例

一、本編注重史料的珍稀性，從《海上絲綢之路歷史文化叢書》中遴選出菁華，擬出版百册單行本。

二、本編所選之文獻，其編纂的年代下限至一九四九年。

三、本編排序無嚴格定式，所選之文獻篇幅以二百餘頁爲宜，以便讀者閱讀使用。

四、本編所選文獻，每種前皆注明版本、著者。

五、本編文獻皆爲影印，原始文本掃描之後經過修復處理，仍存原式，少數文獻由於原始底本欠佳，略有模糊之處，不影響閲讀使用。

六、本編原始底本非一時一地之出版物，原書裝幀、開本多有不同，本書彙編之後，統一爲十六開右翻本。

目録

瀛寰譯音異名記（二）

瀛寰譯音異名記（二）

卷三至卷四

〔清〕杜宗預 編

清光緒三十年鄂城刻本

瀛寰譯音異名記卷三

國部城地　附海島　歐洲

松滋杜宗預編

法蘭西國城地所在

法蘭西

一統志作佛郎察。志略又作佛郎機。亦作荷蘭西羅馬轄時曰果奴佛志稱古名奧盧。世界地學稱古名牙里亞東北界比西北與英隔多法海峽相對東界德與瑞東南界意及地中海。西距大西洋西南界西班牙外國地理稱共和國亦大強國志略稱分三十二部後改八十六府最精水利多法蘭克族人。

壹里亞德佛蘭薩部

歐洲圖考作意里德法蘭斯是曰畿內。值國北境東西適中地分五府。

塞納

壹里亞部首府萬國圖作先扼以河名法都在焉名巴勒一統志作把里斯志略又作帕爾勒士萬國圖作巴黎圓球圖又作拍力斯地理問答作巴利漢文圖作波黎司世界地學作巴里外國地理以其繁華又稱花都在塞納河兩岸曰痾瓦斯在塞納府北以河名萬國圖作外士似即西洋史要英法講和之阿米焉斯首邑名波威萬國圖作布瓦 曰哀斯尼在痾瓦斯府東萬國圖作安郡首邑名拉安萬國圖作拉昂 曰塞納痾瓦斯在俄史利杭奥王曾此逼留 圓球圖作拉翁似即納府南萬國圖作外士首邑名威爾塞列斯全志作瓦色介法志作威塞爾云曾與英盟并開議會於此近史作威尒西云法舊京萬國圖作哇塞耳曰塞納馬爾內在塞納府東萬國圖作先扼茫首邑曰美倫萬國圖作麥倫

法蘭德勒部

法志作法蘭德斯云昔為極大侯國近史作佛蘭打尒云曾欲與奥亦作佛蘭德耳在極北與比接改一府

諾爾

法蘭部府名萬國圖作諾阿法志作諾部首邑名列黎萬國圖作利耳圓球圖作里耳世界地誌作黎勒法志作黎利在巴黎北泰西新史作利尼云拿氏於此備普兵地稱聳固造麻最盛西北郎整卡海口又西郎加來海口

亞爾多亞部

志略稱在諾爾西南據圖則在西北郎法志亞多亞云割自西班牙者改一府

巴的加雷

亞多亞部府名萬國圖作巴德卡雷首邑名亞拉斯萬國圖作阿力士圓球圖作阿拉斯

比加爾的亞部

法志作比加爾的云英曾來攻在巴的加雷西南西界臨海與英南境相望改一府

索美

比加爾部府名近史作梳麼美萬國圖作楳郡首邑名亞眠萬國圖作阿來昂泰西新史作鴉眠

諾爾滿的亞部

即羅奴滿法志作諾爾的近史作那尒曼的興亡史作羅尒滿第宋治平間此部入英曾稱英倫諾曼朝在北境臨海與英南境相對改五府曾爲法藩

下塞納

諾爾滿部首府名北面臨海當即法志爾撒納云崙閱兵處萬國圖作先恩斐利阿地志作聖愛慶納首邑名盧昂圓球圖作魯恩全志作勒溫云造棉亦作魯囿

曰加爾瓦多斯萬國圖作卡瓦多

士亦北面臨海首邑名加英學會圖作喀延萬國圖作康日滿砂萬國圖作蒙施與亡史作滿阬西北兩面臨海首邑名森的羅萬國圖作聖羅平方圖作森得馬羅日疴爾內志略又作疴的內值加爾瓦多斯南萬國圖作鄂昂首邑名亞靈森萬國圖作阿倫森日與勒萬國圖作如阿值下塞納南首邑名厄危律萬國圖作以夫魯五府與英止隔內海內海名滿砂法志作買翁郎衣袖海圓球圖稱爲英英格力斯運河按外國地理稱先河口蝦布路港與英美貿易極盛世界地學作哈布爾地誌稱阿維爾第二商港圓球圖作哈夫耳全志作舍布耳革軍鎮又作阿弗在先河右岸實一區也以地望準之即學會圖哈佛留尒平方圖給佛爾法志哈威爾稱亦造船廠者值與勒府北界有鐵路

賞巴尼亞部

值壹里亞德部東改四府

法志稱昔爲最大侯國

亞爾德內斯

賞巴尼部四府之一。北界比郎。志略亞爾德尼斯。萬國圖作阿甸。首邑名美西也爾。萬國圖作美思阿東。有一邑。萬國圖作息當。學會圖作師丹。郎泰西新史綏丹。日法大戰處。俯瞰謀死河。郎各圖苗士河也。曰馬爾內。萬國圖作茫。郡首邑名砂龍。萬國圖作沙郎。泰西史作差龍。圓球圖作晒隆。法與普戰退屯處。曰疴皐。萬國圖作峩比。以河名。其地有布連義學校。拿氏受陸師處。首邑名德羅業。萬國圖作剔拉瓦。曰高馬爾內。萬國圖作澳德茫。首邑名說蒙。萬國圖作索麼傎。部東南

羅勒內部

歐洲圖考同。改四府。東與德接。在賞巴尼東。

米于塞

羅勒內部首府名。萬國圖作苗士。因苗士河經其界而名。泰西新史作沒齒。云法經略巴善被普師

圖處首邑名巴爾勒都。萬國圖作巴呂都克。曰木塞勒。北界日耳曼。此府各圖不見首邑名美的。平方圖同。曰木爾德。萬國圖作麼斯耳。首邑名囊西學會圖作南錫。萬國圖作郎西。曰窩斯日萬國圖作烏代。首邑名厄比納爾。萬國圖作厄緬那耳。按木塞勒。木尒德。學會圖合爲一府。

賣內部

圖考同。在諾爾滿的亞部西南。即法志買內。稱會爲英守者。改二府。

馬也內

賣內部首府名。萬國圖作美恩。圓球圖作來恩。法志作買恩內。首邑名拉瓦爾。萬國圖作刺伐耳。曰薩爾多。萬國圖作薩特。首邑名勒忙。萬國圖作呂蒙。學會圖作里曼。值美恩東。

安如部

圖考同。在賣內部南。改一府。法志稱昔爲侯國。似即西洋史要安吉侯。

賣內羅亞爾

安如部府名。萬國圖作綿扼洛哇。首邑名安惹爾。萬國圖作昂薩。圓球圖作昂賽。學會圖作安給斯。

北勒達尼亞部

西征紀程作伯臘斯的。興亡史作布里達里侯。在賣內部西。地形如臂伸入大西洋海。改五府均臨西洋并西北英倫海。

壹列維勒內

北勒達尼部首府名。北半距海。萬國圖作伊耳扼維蘭。首邑名勒內。平方圖同。萬國圖有爾達曰哥的都諾爾。北距海。南距山。萬國圖作苦都諾阿。首邑名森德比勒。與各萬國圖作聖勃路。曰非尼斯德拉。西南距海。海口下通咯哇大河。萬國圖作芬匿士他。興亡史作非尼塔里。首邑名圓英阜。余萬國圖有坎巴。西北臨海城曰布拉斯的。萬國圖作不勒士特。西南臨海城曰羅爾英特。或即西征紀程尒俄尒英特。曰摩尒比罕。南面臨海。萬國圖作麼比昂。首邑名瓦內。萬國圖作頑。曰羅亞尒。萬國圖作洛哇恩斐利阿。學會圖作下羅亞尒。値洛哇河口。首邑名難得斯。萬國圖作囊特仝志作能得貿易埠。志略稱此府三面距海。不合。

波亞都部

在北勒達尼部東南。改三府。

柾德

波亞都部首府名。西面距大西洋。萬國圖作泙第。首邑名不爾奔柾第。萬國圖有刺羅什。學會圖作拉羅設。曰二塞威勒。萬國圖作都些法。首邑名虐爾。萬國圖作匿俄阿。曰維也內。萬國圖作維恩。首邑名波亞疊。萬國圖作蒲哇氏阿。法志作波亞地。云約翰頁王爲英大敗處。

疴尼部

法　三

歐洲圖考作痾尼斯在二塞威勒府南波亞都部西南改一府

下砂蘭德

痾尼部府名萬國圖作沙郎德恩斐利阿學會圖作卡砂蘭德南境有海口內通葛弄大河首邑名羅捨勒近史作拉羅舍尒平方圖作羅搶勒西洋史要作洛勑尒郎學會圖剌羅捨勒萬國圖剌羅什耳昔多新教 南一城萬國圖作羅什搏平方圖作羅搶縛圓球圖作羅施發法志作羅捨弗耳云曾開

造船揚

森當日昂姑木亞部

歐洲圖考作桑當日在下砂蘭德府東改一府 桑當日在平方圖里摩日府西

砂蘭德

森當日部府名萬國圖作沙郎德首邑名昂姑勒美萬國圖作昂辜康 釋名二部府名互誤

耳里亞內斯部

歐洲圖考作痾里央在壹里亞德佛郎薩西南。改三府。

與勒羅亞爾

萬國圖作如阿扼洛哇。耳里亞部首府名。近史作魯亞多亞。曾爲東藩封地。首邑曰砂爾德勒。萬國圖作沙他。曰羅亞勒。萬國圖作洛哇拉。以河名。首邑名痾爾良。學會圖作痾尒稜斯。萬國圖作痾勒昂。曰羅亞爾拾耳。萬國圖作洛哇扼施阿。首邑名波羅瓦。萬國圖作勃羅瓦。學會圖作波羅斯。當即近史波尒特。曾抗民黨者。

都勒內部

在羅亞爾拾耳府西南。改一府。即括地略部勒內。與北利部均腴地上腴。值耳里亞部西南。

音德勒羅亞爾

萬國圖作昂達掜洛哇都勒內部府名首邑名都爾萬國圖作吐阿圓球圖作吐耳全志作度耳以製造名

北利部

在耳里亞內斯部南改二府

捨耳

萬國圖作施阿北利部首府名近史作斯亞羅亞曾爲東藩領地首邑名不爾日學會圖作布尒給斯法志作伯列斯稱爲造船場萬國圖作布阿什世界地學作狄爾士在路阿河中流製造最爲有名下流即南佗港曰音德勒萬國圖作昂達首邑名砂多盧萬國圖作沙都魯地志作多魯如或誤秦西新史滑鐵盧崙敗奔處近史又作倭打盧上三部皆法腹地艮郡

尼威爾內部

在捨耳府東。改一府。值北利部東北。

聶維勒

尼威部府名。萬國圖作尼阿伐首邑名內維爾。先河所經。萬國圖作溺法。圓球圖作耨緋斯。疑卽近史拿過。曾抗民黨者。

不爾波內部

歐洲圖考作波爾內。在聶維勒府南。尼威部西南。改一府。

亞列爾

萬國圖作阿爾力。阿不爾波內部府名。首邑名木靈。萬國圖作慕郞。圓球圖作麻空

馬爾世部

學會圖作馬尒也。在北利部南。改一府。

哥留斯

萬國圖作克路士馬爾世部府名首邑名疴勒萬國圖作嘎獵

黎木性部

在哥留斯西南改二府

高維也內

萬國圖作澳德維恩黎木性部首府名首邑名里摩日萬國圖作他摩什圓球圖作里毛斯曰哥勒塞萬國圖作科獵士首邑名的與勒萬國圖作途耳學會圖作圖喇

疴威爾內部

在亞列爾府南不尒波內部西南改二府

不壹德多美

萬國圖作蒲維德遁痾威爾內部首府名首邑名
哥勒爾蒙平方圖作哥羅爾蒙萬國圖作克卡蒙
日敢達爾萬國圖作康達爾首邑名痾里拉
萬國圖作俄利耳雅圓球圖作俄里耳亞克

亞爾撒斯亞部

志略稱在不壹德多美府東改二府曰上勒怒下勒怒繪在弄河西以地望核之當即萬國圖洛哇及澳德咯哇二府而兩首邑名無一合又欲屬諸弄河東之撒哇及澳德撒哇二府亦非是一稱上下勒怒即普界之上下萊尼志略重出錄俟知者亞爾撒斯法志作亞耳薩士云曾於此敗日兵

本德地
已見前

法郎師官德部

在東界窩斯日府南值羅勒內部又南改三府

高索內

法郎部首府名。萬國圖作澳德順。首邑名威蘇爾。萬國圖作微蘇耳。曰都伯。萬國圖作都比士。東界瑞士。首邑名北三孫。萬國圖作北士昂森。曰汝拉。萬國圖作舒拉。東南隅界瑞士。首邑名龍勒索爾聶爾。萬國圖作倫呂蘇尼阿。似即近史諸路蘇。云曾立大學。

不爾疴尼亞部

歐洲圖考作波爾可尼。在法郎師官德部西。改四府。

約內

不爾疴部首府名。當即萬國圖榕部。首邑名疴拾勒。學會圖作疴色勒。圓球圖作俄蔥耳。萬國圖作烏撒。曰哥德多爾。萬國圖作苦多阿。圓球圖作特魯阿。首邑名的仍。平方圖同。萬國圖南有宋秩。北有蒙巴特。曰索內羅亞爾。萬國圖作順挹洛哇。首邑名疴敦。在北。其西傍弄河者。萬國圖作馬崑。西征紀程作馬康。又有沙倫撒順。亦傍弄河。曰厄英。萬國圖作昂郡。世界地學作里溫府。稱在

倫河養蠶地中央外國地理作利翁稱在龍怒河中流爲法國都會第二緖業世上第一即平方圖里昂地理問答利昂首邑名不爾厄萬國圖作布阿

里痾內部

歐洲圖考作痾里內志略稱在極東北隅與日耳曼接壤改二府據學會圖即萬國圖咯哇等地與厄英隔弄河志略誤稱在極東北實不符

羅內

里痾內部首府名即萬國圖弄郡首邑名里昂近史作利安云曾抗民黨圖球圖作來昂此與上昂郡異彼在弄河東此在弄河西也英法日記名立墉城在順弄二河匯處曰羅亞爾即萬國圖洛哇首邑名蒙比里孫萬國圖作蒙勃勒森括地略稱二府俱接布國非是與志略同誤

德爾非內部

在里疴內部及昂郡東南與意之薩爾的尼亞接壤改三府

義勒塞

德爾部首府名學會圖作美塞勒萬國圖作伊薩以河名首邑名哥肋諾伯勒圓球圖作格婁淖臺耳萬國圖作格連俄希士曰多羅美西傍弄河萬國圖作特隆首邑名瓦稜薩萬國圖作瓦弄士圓球圖作發琅斯曰高亞爾卑斯萬國圖作澳德阿耳甩士首邑名甲萬國圖作嘎丕法志作甲普云拿破崙由此回國

不羅温薩部

歐洲圖考作不羅温斯近史作布羅雲士興亡史作布羅芬斯法志作不路温斯云西兵曾來此大掠東接意之薩爾的尼亞南距地中海改四府今爲五

窩哥律斯

萬國圖作烏克路士不羅部首府名首邑名亞威農似即西洋史要哀囚農法遷教皇處圖球圖作阿番禾萬國圖作阿文容平方圖作阿威龍曰下亞爾卑斯萬國圖作巴士阿耳颱士首邑名的聶萬國圖作塡曰不世德羅內南境距海萬國圖作布什都尭法志作不尒給農首邑名馬耳塞里亞全志作瑪色勒地球韻言作馬賽法志作馬塞里圓球圖作麻賽耳萬國圖作馬塞耳世界地學作馬耳塞要港稱在里昂灣東外國地理作馬路西港稱自東洋往歐洲者必上陸之所北有海口更大曰瓦爾東南距海萬國圖作哇阿首邑名達拉給娘萬國圖作特拉剪容南即土侖海口城名亦同曰阿耳颱士馬力添西征紀程作亞爾卑斯馬利特墨斯近史作亞路布士首城名尼西萬國圖作匿士又名匿薩郎圓球圖尼斯初屬意今歸法近史作比利尼斯法人遂連合軍處

上撒歪

萬國圖作澳德撒哇首邑名邦威尒萬國圖作邦維尒

撒歪

萬國圖作撒哇首邑名孫白里萬國圖作松巴利二郡與阿耳䰟士馬力添并首城尼士均初屬意撒丁今歸法撒歪即泰西新史殺斐尼士郎新史泥司因法助薩敵奧薩以二地酬之者也

郎給德部

歐洲圖考作郎給道學會圖作郎圭德在不羅温薩部西幅員甚廣改八府

高羅亞爾

郎給德部首府名南距地中海當即萬國圖澳德洛哇首邑名列不壹萬國圖作呂浦維　曰羅塞勒圓球圖作羅代萬國圖作洛撒首邑名漫德萬亞圖作蒙特圓球圖作莽得　曰亞爾德世萬國圖作阿德袍首邑名比里瓦萬國圖作批勒瓦士　曰加爾即萬國圖嘎郡首邑名尼美斯似即萬國圖念圓球圖作尼母　曰扼羅爾德括地略同以屬邑音合之當即萬國圖哈魯首邑名蒙德不

列爾學會圖作漫得迫列尒萬國圖作蒙丕剌阿圓球圖作非特丕力歐近史作門多皮利亞云曾立大學接西班牙正臨里昂灣曰疴德東距地中海萬國圖作務特首邑名加爾加索內萬國圖作卡喀孫曰達爾尼萬國圖作攤郡首邑名亞爾比萬國圖作阿耳伯曰高加羅內萬國圖作澳德葛羌首邑名都羅塞萬國圖作吐魯士全志作度魯斯圓球圖作吐魯斯以上二部控扼地中海北岸

佛亞部

値高加羅內府南歐洲圖考作官德佛亞法志作葍亞云昔侯國改一府志略稱在下砂蘭德府西臨海誤曰亞列日首邑名佛亞此府即萬國圖阿利尼什近史比利尼士曾訂條約處首邑佛亞即萬國圖傳哇

盧西隆部

在法南界東距地中海南負比里牛斯山接西班牙。近史作鹿斯利安。法志稱卽割自西王改一府。

東比里牛斯

萬國圖作魄利尼索力昆。盧西陞部府名。首邑名北爾比娘萬國圖作魄偏榕。

馬也納部

學會圖作內也納在南界郎給德部西幅員尤廣改九府。

日倫大

馬也納部首府名。西距大西洋。萬國圖作世倫特首邑名波爾多。萬國圖作薄都。西洋史要作纂獨前路易與西班牙王女舉婚禮處。世界地學作薄爾多府。稱控葡萄產地地誌作柏敦。萬國地志作葡獨。漢文圖作保朵。外國地理作波路多。乃西界大市埠。海港上接內河。日多爾多尼亞。萬國圖作鐸敦首邑名卑里句。萬國圖作丕里沾。日羅加羅內。萬國圖作羅特扼葛羌。首邑名亞仁。萬國圖作阿訓。曰羅。萬國圖作羅特。首邑名加爾學。會圖作加和佘。萬國圖作卡俄阿。曰亞維倫。萬國圖作阿威弄。首邑名羅德斯。萬國圖作洛廸。曰達爾尼加羅內。萬國圖作灘扼葛弄。首邑名蒙德邦。即萬國圖蒙都邦。圜球圖孟拖邦。曰惹爾。萬國圖作勢阿。首邑名疴世。萬國圖作務石。曰蘭德。全志作蘭的。西距大西洋。萬國圖作郎郡世。界地學稱蘭鐵卑濕地。首邑名蒙德馬爾三。萬國圖作蒙德馬雙。圜球圖作孟豆麻桑。曰高比里牛斯。萬國圖作澳德鬼利尼士。南界西班牙。首邑名達爾卑。萬國圖作塔比。

以上地望輿志略多雜糅。

伯爾內部

歐洲圖考作伯亞爾內。在西南隅。西距大西洋。南界西班牙。改一府。

下比里牛斯

萬國圖作巴士鬼利尼士。伯爾內部府名。近史作作布利他呢。云曾爲西藩。首邑名波。萬國圖作普。

圓球圖作坡。

補羅義

萬國圖作布弄。俄史作蒲隆。云法攻英集水師於此。西洋史要作布倫港。北方海口名。東遊記稱由法往英。車自布倫出口居多。若由英至法。船必由開利進口。開利卽萬國圖格利尼角。或卽加利。

加來

萬國圖作卡雷。西洋史要作加勒。英法日記作加利。近史又作加里。法志作加勒斯。使德日記作喀來。英讓與法。北方海口也。當卽圓球圖開夫斯。學會圖加米斯。

東末

一說卽萬國圖整卡學會圖作東橋基。亦法北方海口名。近史作坦加克云西師復英直指此地。法志謂之敦計克港。云爲所開。據泰西新史。法與英接者有亦波及欵瀾二海口。未詳於三者何屬。

土崙

萬國圖作吐倫。全志作度龍。泰西新史作土龍。近史作杜侖港。圓球圖作吐琅。漢文圖作都倫。世界地學稱次侖軍港。外國地理作儲龍。稱為地中海艦隊根據地。有著名造船所。南臨海。屬瓦尒府。見上。以上

法海要口。

摩納哥

全志又作摩奈哥。介法義閒小侯國。濱地中海。全用法律。　互見意國。

附島

科士島

法志作科島。稱有拿氏避暑洞。亦作古耳西。外國地理又作高路詩加。即拿破崙第一降生處。志略稱哥爾塞牙部。亦作可耳西加。又作郭士喀。在法東南。乃地中海大島。值薩爾的尼亞島北。舊屬意

爲法取改一府曰拜斯剔阿全志作阿耶佐萬國
圖作巴士梯阿亙見意國按全志稱首府在西
岸地望不符似卽
萬國圖阿雅索

英吉利國城地所在

英吉利

志畧又作諳厄利亦作列的不列顛全志作大庇探羅馬轄時作布里田華盛頓傳作破列地世界地誌稱英蘭與蘇格蘭合爲大不列顛西洋史要作比利敦尼亞總稱自立敦萬國地志作勃蘭德修世界地學稱英三島類日本三島曰英蘭地理問答作英革蘭曰蘇格蘭志畧又作斯哥西亞地理問答作斯格蘭曰阿爾蘭志畧又作壹爾蘭大地理問答作哀耳蘭萬國圖作埃爾蘭西洋史要作愛爾蘭英倫西北蘇格蘭西皆產煤鐵東界北海西南北均接大西洋各分數十部稱創始立憲帝國

迷德勒塞斯

括地畧作米德拉塞斯英國東方首部都城名倫敦建於達米塞河濱志畧又作蘭墪地理問答

作倫盾，一作郎特勒，操世界商業中權。埠頭最大，東六里有革爾尼天文臺。

諾耳佛爾克

志畧稱爲織造尼布地，東瀕北海，大英國志作諾佛，學會圖作洛威斯宅佛德。其北即平方圖瑙威池，萬國圖作洛威治，偭倫敦最東北。

素佛爾克

英志作索佛準其地望，當萬國圖以魄士威治，平方圖伊浦斯威池，偭瑙威治偏西南，疑即西征紀程之設布里勒斯，稱天士河自此部南入海，東南隔河有哈威池，西征紀程謂英大兵官駐此。

黑爾德佛爾

英志作黑德佛，萬國圖作赫搏，偭倫敦北。

厄塞斯

英志作厄塞。學會圖作徽爾慕斯佛德。萬國圖作參士牔。值黑爾德佛東。

岡比黎日

值璠威池及諾耳佛西南。英志作堪比日。平方圖作岡比黎耳。萬國圖作甘勃勒治。地理問答作根伯利支。世界地誌作坑布列基。外國地理作傾布裂池。稱有大學校。以上英倫東方部。

根德

值倫敦東南。英志作根的。以地望準之。疑即萬國圖麥士通。其東坎楊伯里。即興亡史堪特別。西征紀程坎特布里。北人曾來攻。根德東南有埠曰吳爾威此。學會圖作三德威池。臨江有船廠泊兵輪。又東南即多法。圓球圖作杜法。西征紀程作多甫。學會圖作多汶者。

格林威治

平方圖作格林尼池。世界地誌作格林維基。稱船船出入爲世界第一。外國地理作古利咽池。值倫敦南有氣象台最王。

薩塞斯 萬國圖直撤士楊。學會圖查徵斯特。皆是文作蘇色司。值抱斯穆斯東北。又東。乃平方圖勒隈斯學會圖勒威士。又東。乃學會圖海斯項司郎威廉人王英朝哈斯項斯。

蘇勒 一作舍利。或郎萬國圖里定。學會圖里丁。在天士河南。倫敦西南。

抱斯穆斯 萬國圖作朴特士謀扶。全志作波斯末德。世界地學作波茲姆士。稱與蘇當敦為船艦艤裝所。外國地理作布利麼士破麼士。稱為軍港。郎地球韻言拍司麥脫防海軍船埠。值薩塞斯西南海灣。又西南郎威地島。

北爾克

當卽萬國圖巴扶學會圖作巴斯世界地學作利巴布爾府稱當國第一要港外國地理作料勃路稱英倫西岸第一貿易港

奧克仆得

疑卽萬國圖勃力朴特學會圖達徹斯特與亡史野克斯特云北人曾來攻地球韻言禨特縛耳脫有防法海軍船埠値蘇當波敦西南西洋史要似稱爲烏拖麗脫訂約處學會圖挨格斯特又在西卽萬國圖扼息楊

蘇當波敦

世界地學作梭查布噸稱爲船艦艤裝所地誌作薩浦東値萬國圖撒利士伯里東南撒利斯伯里學會圖作薩利士布里値蘇當西北

温撒士楊

世界地學作門邱斯塔府，學會圖作温徹斯特，世界地誌作孟基士他，稱棉布製造爲世界第一，外國地理作孟呎士他，萬國地志作孟鳩斯戴，在料勃路即巴栿東南，相須并盛，

烏義爾德

萬國圖作勃里士度耳，地志作勃來斯脫耳，世界地學作弗利士得爾，平方圖作布里斯拖，外國地理作布利斯德路，繙[illegible]爲貿易著名港，工製造，即圓球圖白力斯透，全志作伯力斯多，由此部出海，即自力斯透運河也，學會圖謂之布里斯宅爾加納爾，

魄力謀資

萬國圖作蒲賴謀扶，地志作[illegible]斯瑪次，全志作伯力末德，有石塘入海護港，世[illegible]地誌作泊茲毛斯，地球韻言作朴林抹甫，稱爲[illegible]南岸第一軍港，平方圖作阜里穆斯，以地望準，即英志的温，志畧

的灣等處

哥爾奴瓦里斯

英志作高奴瓦學會圖作阜爾穆斯郎萬國圖里薩角等地產白鐵圓球圖作力薩得海口　口外又西郎西里羣島一作昔里島者　里薩西北又有蘭士恩角平方圖作蘭森角　以上英倫南方部

約爾克

圖球圖作堯克萬國圖作約克城建烏士河東岸屬邑二　日曼識特洋布總聚地泰西新史作曼拙忒萬國圖作曼切士塔圓球圖作曼欽　斯透地理問答作滿遮斯德平方圖作曼徹斯特　日里味池郎里味波萬國圖作立法鋪耳地理問答作利斐布勒臨謀西河口往西半球船甚多郎世界地誌黎佛浦平方圖麗佛普爾泰西新史利物浦東游記雷弗普美棉由此運送

俄耳 萬國圖作和耳圓球圖作倭耳平方圖作赫爾西洋史要作鄂勒斯曾招集國會世界地誌作哈爾在烏士河北河至此東流入北海貿易甚盛爲大兵官駐處又下郎圓球圖瓦施海口 烏士郎學會圖恒比爾河

里資 萬國圖作里克平方圖作里子全志作利德斯世界地學作利茲地誌作黎芝外國地理作利自稱以製造毛布著名在烏士河西與約克部東西相峙泰西新史又作呢子以呢布出其地也與伯鳴罕曼拙武均濱海極大碼頭

舌非耳 學會圖作設佛爾德萬國地志作喜扶爾特全志作希斐德世界地學作設夫耶多府外國地理作

些灰路、以製造鎗劍利器著名。在里賌南方。

紐卡士耳

世界地學作紐加士爾。稱其造船業最盛。全志作牛嘎斯。學會圖作紐喀斯特勒。圖球圖作紐刻蒐耳。地誌作紐喀塞爾。外國地理作料加斯路。稱輪出煤炭甚多。平方圖作亞喀斯。濱太因河北。核其地望。郎志畧諾爾東北爾蘭云有新堡出煤者。

蘭加斯德爾

萬國圖作蘭卡士塔。近史作蘭加士打。稱曾與約克分兩黨。西洋史要作蘭加斯達。西北郎圖球圖掃耳外灣出灣西北望曼島

威斯德謀爾蘭

英志作威斯莫蘭。一作委士摩含。較其地望。値萬國圖卡力耳。平方圖加利斯勒等處。在蘭加斯德

北。

岡比爾蘭

英志作更北蘭。一作艮馬。較其地望。當卽萬國圖阿普耳伯。學會圖亞普勒伯。値達爾咸西等處。

達爾咸

英志作達哈米。較其地望。卽萬國圖多咸。以上英倫北方并西北方部。

支斯德爾

萬國圖作切士塔。卽秦西新史賚賜德府。云傳教鼻祖賈利在此府浸禮會中。値雷佛浦爾南。

德爾比

萬國圖作德備。英志作德比。學會圖作德爾伯。疑卽東游記勞皋。云有書塾者。値諾定昂西。

諾定昂

萬國圖作諾丁咸英志作諾定恒值德比東近史作訥丁勘云會舉兵抗渣利斯

林哥爾內

萬國圖作林林肯英志作林岡值諾定昂東北

捨羅波

學會圖作什留斯布里萬國圖作什路士伯里近史作布拉士舍路法路易十一居此一作尕勒社值威耳士東據此芬河上源

斯達佛爾

萬國圖作士他搏英志作斯達弗值捨羅波東北

雷塞斯德爾

平方圖作雷塞斯德萬國圖作力士塔值德爾比南偏東似即近史尼斯比格林威爾敗王師處

英　三

伯明憾

圖球圖作抔明罕母、萬國地志作排密扼母地理問答作伯明恩、世界地學作巴敏幹、稱鐵工第一、平方圖作北門翰、外國地理作明眠哈末、稱以造鐵及玻璃器著名、郎泰西新史北名亨、又名伯鳴罕者、值力士塔西偏南、

魯德蘭

萬國圖作鄂克咸、一作特爾含、值力士塔東、或郎學會、圖俄德波羅、

气耳佛爾

萬國圖作黑力搏、英志作希耳佛爾、值威耳士東南、

窩耳塞斯德爾

萬國圖作烏士塔、英志作窩塞斯德、一作洼洗士達、值气爾佛爾東、隔些芬河相望

窩爾維克

萬國圖作窩力克。圓球圖作豪力克。英志作瓦威克。值窩耳塞東北

諾爾桑波敦

萬國圖作洛探頓。英志作諾但敦。值窩耳維克東。

恒丁敦

萬國圖作很丁頓。英志作亨丁敦。值諾爾桑波東。

瞞冒

萬國圖作蒙謀扶。英志作望某。值窩耳塞斯德西南。據入些芬河北來一水。

哥羅塞斯德爾

萬國圖作格羅士塔。英志作哥羅斯德。值瞞冒東。郎近史多羅格比他云格林威爾曾陷此城。

痾哥斯佛爾

值倫敦西。哥羅塞斯東南。萬國圖作痾士榑。英志作阿斯福。近史作惡士佛。世界地誌作奧克士佛。脫。地理問答作餓斯弗德。或譯牛津。又作沃絲城。據天士河上游。有大學校。使德記又作窩得祿德稱。亦換車衢道。

巴京咸

萬國圖作剖兢咸。英志作白京咸。值痾哥斯北。

比德佛爾

萬國圖作別榑。秦西新史作卑德斐。英志作北德弗。值恒丁敦西南。　以上英倫中部。

威爾勒士

值英倫西。志畧又作瓦勒。全志作偉勒斯。人耐戰。地多山。西面濱海。為英倫後戶。括地畧稱以游牧為業。卽五州圖考加勒地。西洋史要威爾斯圜球圖外耳斯。萬國圖威耳士。本土番種。古時有支門伯者。曾王英倫。所分小部列下。似卽與亡史耶奴斯。云曾叛英。

非林德

一作佛淩。東南望支斯德。準其地望。卽萬國圖殿拜等處。東南有地。萬國圖作勒甚。學會圖作魯清。

敦比各

英志作敦北。當亦萬國圖殿拜等處。

該拿爾灣

萬國圖作卡那汪。英志作加拿文。伯敦比各西南。臨埃蘭海灣。

安哥勒塞

乃島部值該拿爾北。與亡史作安格里亞。全志作昂格西。有二橋連大陸。萬國圖作安格耳西。城名恩格耳。英志作安勒塞。與部同名。附近一小島。萬國圖作荷里黑特。即學會圖荷里島。近史又作哇伊。云英前王曾逃於此。

蒙德疴美里

英志作蒙疴麥里。地望值萬國圖多耳這利。學會圖多爾吉里東南。或即泰西新史蒙退非禮耶。云意武員嘉禮巴地由此回國。全志美德第德斐。云有煤鑛者。

拉德諾爾

英志作拉德諾。即萬國圖新辣挪。值气爾佛爾西。

加爾的安

萬國圖作卡的幹。英志作加的干。北方海水曲入。有灣同名。灣外即聖佐治峽。釋名誤以爲卡的夫

奔不羅各
萬國圖作偏不祿克.英志作本不羅.北郎荷爾福德.西征紀程作彌爾福德.稱屯有兵船.南護布里斯拖海口.下臨運河口.

該爾馬爾敦
萬國圖作卡馬典.平方圖作該馬爾敦.英志作加馬敦.偤奔不羅各東北.

北諾各諾克
英志作北勒諾.似郎萬國圖勃里刊.偤加拉摩爾東北.

加拉摩爾安
學會圖作加的福.偤北諾各諾南.郎萬國圖卡的夫.全志作嘎第弗.臨白力斯透運河.釋名誤以爲卡的幹者.以上英倫西方部.

壹丁不爾厄

志畧稱在內海南岸爲北方大都會人務農英志作壹丁堡西征紀程作埃丁貝西洋史要作愛拉斜作厯萬國圖作衣丁鉢羅地志作衣遁排剌圓球圖作愛定抔畫地理問答作哀典伯世界地學作夜琴巴闌地誌作哀靳巴稱販業最盛外國地理作耶賤伯拉稱有大學校蘇格蘭首都名郎泰西新史愛丁婆稱曾獨舉議員有大醫院近史埃丁巴爾稱會反抗渣利斯

林利德厄

依志畧地望郎萬國圖格拉士哥地志喝來斯戇一作作加辣斯科者圓球圖作格辣司告吳英志作林力哥世界地誌作古辣士哥地學作固蘭斯科稱跨庫賴得河兩岸造船爲世界第一外國地理作古拉斯卧稱次於倫頓爲蘇格蘭西面海口大埠東與壹丁堡并列泰西新史稱格拉斯哥海口又名嘎斯哥爲造汽機名人瓦德故里

哈丁敦

萬國圖作哈丁頓。一作哈領頓社。學會圖作合得林。值壹丁堡又東。

北爾維克

萬國圖作伯力克。英志作北威克。學會圖作貝威克。值哈丁頓東南。臨北海。

稜非律

學會圖同。又西北。即萬國圖格林諾克學會圖格利那克。西南臨海灣。望阿蘭島。東南即伯士力。學會圖作巴伊斯里。東距格拉士哥。

哀爾

萬國圖作愛阿。平方圖作埃爾。圓球圖作愛耳。值稜非律又南。西與阿蘭島相值。

烏宜㾨敦

萬國圖作維克當。英志作末格敦北望哀爾。南對曼島。

拉拿爾克

萬國圖作蘭那克。英志作拉拿格。東南地。萬國圖作些耳刻克。郎志畧塞爾給爾克。英志塞爾格。偱都城南均在界山中。

北波勒斯

萬國圖作拔布耳士。英志作比八爾斯。偱拉拿爾克又東北。東南地。萬國圖作節鉢勒。郎學會圖哲德背。偱特威得河南。

羅哥斯不爾厄

偱北波勒斯東北。英志作洛斯伯羅。學會圖作格藍羅。萬國圖作格林洛。釋名以格林洛當志畧之林利德厄。不知林利德厄郎格拉士哥。與英志亦歧出。

當非利斯
萬國圖作登非力士英志作敦非力斯北隔山與塞爾給爾克相距

給爾加德比里至
英志作格古比即萬國圖刻苦勃里値當非利斯西南臨海灣與烏宜痾敦相距

比牙德
志畧又作比干德即萬國圖甘伯耳當英志干台耳學會圖罕大里也爲阿蘭島即圓球圖阿愛來島又西一地臂以上蘇格蘭南方部

蒙德羅斯
萬國圖作蒙剔羅士泰西新史作悶忒螺螄東臨北海値亞北爾巓東南

彼得黑特

西征紀程作貝得海特。稱有堅大礮台。即學會圖白特海德。值亞北爾巔東北。東臨北海。

慕來

以志畧地望較之。當萬國圖乃恩。地志牢恨。值班傳西北。近海。學會圖以內壹爾那當之。而志畧所載內壹爾那地望。又適當蒙剔羅士。未審誰是。

邦傅

萬國圖作班傅。學會圖作邦佛。圓球圖作班夫。英志作那佛。北臨海。值愛耳景東。

亞北爾巔

萬國圖作阿巴旬。圓球圖作哈抔定。亦大城。值蒙德羅斯又北。東臨北海。即全志阿伯典有大學。

愛耳景

萬國圖作額耳近。學會圖作埃爾京。北臨內海。值邦傅西。

迷牙爾
萬國圖作丁窩耳。學會圖作敦鄂爾。值音威爾內斯西北。隔海灣。

仆發
學會圖作阜法。萬國圖作搏法。英志作非發。地望當志畧之安孤斯夫等處。值蒙德羅斯西南。

白爾斯
值見羅斯斯北。英志作伯爾貼。館萬國圖伯夫。釋名以伯士力當之。未諦。

見羅斯
萬國圖作金洛士。英志作京羅斯。值白爾斯南。隔山。學會圖似統於加拉克馬。

斯德爾零
萬國圖作士德令。學會圖作士德爾林。地望值見羅斯西南。隔河。

發壹夫

釋名以伯夫當之未諦較其地望卽萬國圖苦帕學會圖庫巴值白爾斯又東臨北海

加拉克馬南

學會圖作加拉克馬志畧稱爲洋布總集所準其地望在萬國圖苦帕西南以上蘇格蘭中央部

爾哥內

或卽萬國圖威克西征紀程稱其處有堅大磤台者地屬最北東臨北海

該內斯

一作該德納斯不能釋

羅斯

地望當萬國圖鏍諾克等處卽學會圖道羅池值愛耳景西北隔海灣釋名以蒙剔羅士當之未符

哥羅馬爾的

地望當萬國圖士多諾歪西征紀程作斯道羅隈稱在利威斯島中有堅大礮台利威斯即列威斯萬國圖作南北威士島在西方海中

音威爾內斯

英志作音弗納斯萬國圖作因法呢士攸丁窩耳東南以上蘇格蘭北方部

都伯林

志畧又作上北林學會圖作都伯倫萬國圖作都勃林泰西新史作多不靈云曾欲另立議院世界地學作達布礸地誌作都佛林地理問答作德伯林外國地理作特布連稱有著名大學校阿愛蘭會城名建在但士江濱水深便於停泊運輸萬國地志所謂東海岸陀武林灣也亦船廠

勞斯

英志作樓貼一說卽萬國圖乃士據志畧地望乃萬國圖紐利學會圖作紐里耆東臨阿爾蘭海

德羅赫達

値都城北萬國圖作特洛黑達與都城均東臨海灣

烏宜哥蘡

萬國圖作威克羅英志作維哥羅値都城南東臨海西卽哥蘡山

威哥斯佛爾

萬國圖作威士摶英志作威斯弗西征紀程作威哥斯福爾云有堅大礮台値烏宜西南南卽大海

幾爾給尼

萬國圖作其耳肯尼英志作幾耳格尼學會圖作吉耳景尼値加爾蘡西隔河相望

加爾蘡

萬國圖作卡羅。英志作加羅。偤幾爾給尼東北。

郎佛爾

東與德羅赫達相偤萬國圖作郎摶。英志作郎弗。又南偏東。即學會圖課爾林加。萬國圖作木凌嘎。東隔波利河。即特里哷萬國圖作惕廉。以上阿爾蘭東方部。

勒德靈

較其地望。卽萬國圖恩匿士其連學會圖作英尼斯基連。泰西新史作克德林。云傳教鼻祖賈利曾至其地。偤摩那安西。

斯黎各

萬國圖作士力戈。圓球圖作斯拉變果。英志作斯來谷。偤勒德靈西。隔河相望。　東南地。萬國圖作卡勒克。學會圖作加里克。

羅斯哥滿

萬國圖作羅士科門，英志作羅斯哥門，學會圖作亞斯羅內，值郎佛爾西南，亦隔河。

馬約

英志作賣約，較其地望，即萬國圖卡士耳巴，學會圖喀斯特巴，值斯黎各西南。

加爾威

值羅斯哥滿西，萬國圖作葛耳歪西征紀程作加威爾，稱有堅大礮台，圓球圖作告耳外，西南有灣同名，以上阿爾蘭西方部。

哥雷宜爾

括地畧作古雷宜爾，較其地望，即萬國圖恩匿士，學會圖英尼斯，值加爾威西南。

里摩黎克

萬國圖作林麻勒克。圓球圖作力謀力克。有堅大礮台。值萬耳歪又東南。地據湖澤。似卽近史拉比克威廉豁法人處。

給黎

萬國圖作剔拉利學會圖作特洛里。西臨海部也。又西南。卽丁格耳灣。

哥爾克

萬國圖作科克。圓球圖作考耳克。全志作哥革。世界地學作科庫。貿易港。英志作高爾克。云有堅大礮台。南臨海。值給黎東南。

窩德爾佛爾

平方圖作窩德爾佛。萬國圖作窩塔搏。英志作窩德弗。有堅大礮台。值哥爾克東。臨海。

的卑拉黎

値給黎東北。萬國圖作剔帕拉利。英志作的北拉黎。又東地。萬國圖作克倫美耳。學會圖作克瑣墨爾。以上阿爾蘭南方部

安德靈

地望當都伯林北。卽萬國圖伯耳法士特。萬國地志培爾反斯。平方圖貝爾法斯德。地理問答備拉法斯。世界地學比爾發得。地誌比法斯哭。卽卑法司。善造麻。爲阿爾蘭境內第二大城。有堅大礮合。東臨北岔出。

刀尼

此部當値額尼湖左近。卽英志斗尼。

亞爾馬疴

以音合之。當卽萬國圖鄂瑪。英志亞爾馬。學會圖作俄瑪。値額尼湖東北。

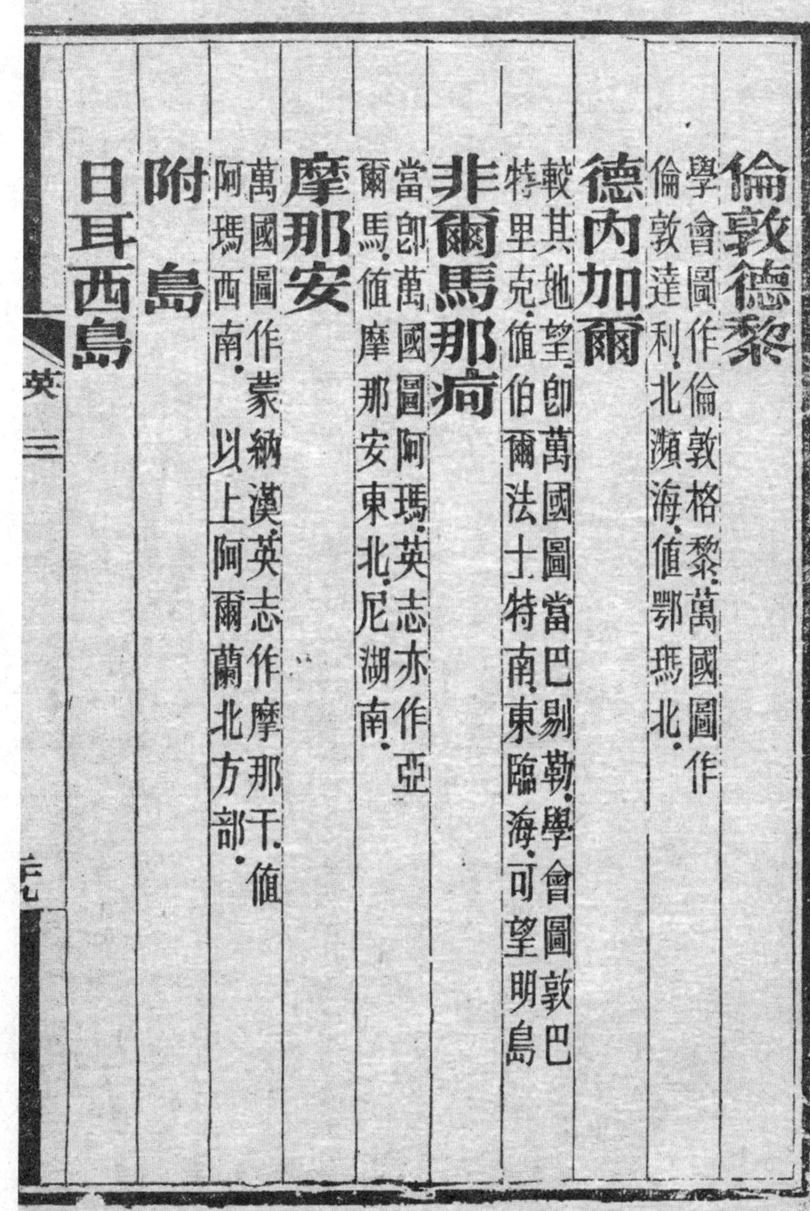

倫敦德黎

學會圖作倫敦格黎。萬國圖作倫敦達利。北瀕海。值鄂瑪北。

德內加爾

較其地望。即萬國圖當巴剔勒。學會圖敦巴特里克。值伯爾法士特南。東臨海。可望明島

非爾馬那痾

當即萬國圖阿瑪。英志亦作亞爾馬。值摩那安東北。尼湖南。

摩那安

萬國圖作蒙納漢。英志作摩那干。值阿瑪西南。以上阿爾蘭北方部。

附島

日耳西島

英　三

志畧作額西萬國圖作遮塞學會圖作浙西當法國西北海中英奪於法島也現築礮台堅守疑即法志安知耳云魯伯克大敗後割與英者

額爾內西島

志畧作額耳西萬國圖作千塞學會圖作古耳尼西在日耳西島西北統謂之冉內爾羣島云即喀拿爾全志作迦納勒羣

威地島

萬國圖作歪特英志作維的全志作偉德在英倫南風景特佳有離宮西人稱樂土 隔峽東北曰布來屯近史作布利頓島昔日西師伐英退保處

萌島

平方圖作明島英志作蠻島萬國圖作曼島地志作們島圓球圖作人 島地望在英倫立法鋪耳西

北埃爾蘭海中間。

俄爾哥內諸島

英志作痾哥尼。萬國圖作痾克呢。地志作握科尼全志作俄革尼。圜球圖作奧耳克乃羣。稱一名海白力氏斯。蓋統希勃力第士諸島而言。中有島曰梭摩那。萬國圖作頗麼納。在南。其城曰克鄂爾萬國圖作刻窩耳。

希勃力第士諸島

萬國圖稱又名西島。平方圖作喜布黎德斯羣。全志作亥伯利第。英志作希比里的司。所包島。日北威士。平方圖作北烏義斯德。日南威士。平方圖作南烏義斯德。日斯喀愛。學會圖作斯克夷。平方圖作斯喀也。萬國圖作士蓋。地志作斯開。日魯乙斯。萬國圖作魯義士。地理問答作魯伊斯。平方圖作列威斯。日謀耳。萬國圖作穆兒。學會圖作姆耳。卽萬國地志瑪來灣。

塞忒郎島

萬國圖作舌特蘭。地志作獻蘭特。平方圖作設德蘭羣。圓球圖作晒得蘭得羣。在極北。按志畧稱附近蘇格蘭有島。曰撒多。地氣寒甚。穀麥不登。適當北羣島尤寒冽。適北羣島當卽塞忒郎。撒多島當卽俄爾哥內等處。又蘇塞爾蘭志畧稱部。置於羅斯西北。不能釋。釋名以當塞特郎未符。

維倫蹄島

萬國地志稱在愛爾蘭西南。適於美國海底電線起頭。當卽萬國圖南阿蘭諸島學會圖亞蘭羣島。値加爾威海口西方。

荷蘭國城地所在

荷蘭

一統志作拂蘭地亞明初有酉稱尼特蘭國即西洋史要尼柔蘭志略又作賀蘭四裔考作法蘭得斯米志作阿蘭陀近史作奈渣蘭云曾爲西領世界地學作和蘭稱湼查蘭得立憲小王國一名內八蘭明時又稱紅毛番在比利時北德意志西北夙稱低地國西北皆距大西洋人民習海事以善築堤防水捕魚著稱於時分十一部

北荷蘭

西距大西洋海據圖即北海也東環亞爾零內海即隨達海也系合亞爾零湖而成西北擁護此海諸地曰的士耳學會圖作帖木塞耳曰斐里蘭學會圖作維里蘭曰塔什靈學會圖作帖尒舍林曰阿美蘭曰什阿蒙匿谷學會圖作什尒薨尼古

亞摩斯德爾登

志略稱爲北荷蘭都城。亦作俺莫士特爾坦，又作安特提。世界地學稱安特特岱商業之府。俄史作含斯得談。云即彼得學造船處。圜球圖作昂斯透丹。萬國圖作俺士特耽。世界地誌作摩士特姆。稱歐州大都會。地理問答作安斯德旦。稱荷蘭第二大城。漢文圖則以昂斯透丹爲阿母斯透答母會城。即外國地理亞末斯斯叄路特末。地球韻言阿姆斯得達姆在內海灣處。漢文圖晰爲二。與各圖稍歧。距都城十英里有地曰巴尒林。學會圖似作普尒美陵。曾與里丁人同拒西師。

合具

志略稱爲北荷蘭別都。萬國圖作哈廉。括地略作赫基。或即學會圖哈連姆。其王居甚卑。而民居整潔。又有城曰來丁。或譌學會圖英庫伊森。萬國圖恩回森。近史作里丁。有大學。曰烏特。或即學會圖赫尒德。萬國圖黑耳達。有書院。萃文儒。哈廉值都城西。來丁東傍內海。烏特西依北海。

南荷蘭

近史作阿蘭。在北荷蘭南。西面大海。南界內港隔斷成兩州。

海牙

志略稱爲南荷蘭會城。值北海濱。俯瞰來因河口。學會圖又作斯格拉文海基。歐州圖考作辣海。萬國圖作黑克或士格拉温黑治。地理問答作亥革。外國地理作海克首府。當郎地球韻言海而鐸水師部。臨外海。俄彼得會各國使臣論和約處。

鹿特堤

志略稱爲南荷蘭屬城。殷商所萃。學會圖作鹿特隈。萬國圖作羅塔耿。地理問答作勒德旦。世界地學作鹿特峇府。稱建來因河下流地誌作日顯奚母。萬國地志作魯推特姆。外國地理作羅爹路特末稱爲第二都會。在苗士河水分汊之口。

斯蘭德亞

歐洲圖考及萬國圖均作西蘭學會圖作斯蘭德近史作斯蘭云昔係國全志稱西和蘭志畧稱在南荷蘭南西面大海內港縱橫界隔成六州會城曰米德爾不爾厄在西西些耳德河口隔河即學會圖汙斯特波格萬國圖烏士特堡其內港最著者曰東西些耳德河萬國圖作士刻耳德河分派處即成數洲

北巴拉班的

萬國圖作北勃拉班特近史作布拉賓云昔爲係國在斯蘭德亞東南接比利時界幅員頗廣會城名不亞勒獨各學會圖作格特呂丹波格萬國圖作布哇呂德克又名士哈吐占波什

烏德勒支

萬國圖作攴剔勒克地理問答作余德勒革近史作烏多利比全志作烏特立云在中央志畧稱在

兩荷蘭東。都城同部名。北界內海。西傍義河。鐵路四達。製造學業俱盛。

給爾德勒

志略稱在烏德勒支東。西北界亞爾零內海。東界日耳曼。近史作幾尒的蘭。萬國圖作黑耳頓。即基耳達蘭。會城日亞爾凝。萬國圖作安欣。

德倫得

萬國圖作特連德。西界內海。東界日耳曼。會城名亞森。萬國圖作剛兊。

疴威爾義塞耳

志略稱在德倫得北。東界日耳曼。萬國圖作疴法利士些耳。會城日索爾。當即萬國圖士窩里。然各圖繪此部於德倫得南。與志略所稱位置互易。志略誤。全志作阿威立塞。近史又作阿比利士與烏德勒支諸省。均阿林斯所聯合以拒西師者。

非里薩

萬國圖作輔利士蘭又名輔利西阿近史作烏里西蘭全志作斐里斯蘭西洋史要作福利士蘭志略稱在疴威爾部西三面距內海據圖則在特連德西北也當即地球韻言福利澄埠光緒十有一年曾議以此埠爲德人寄泊之所會城日留瓦爾敦萬國圖作羅瓦頓學會圖作魯瓦尒敦

哥羅凝加

萬國圖作何羅甯哏括地略作古羅凝加近史作克羅年埾全志作哥羅凝俺東界日耳曼爲荷極北境志略稱在疴威爾部北據圖則在特連德東北也志略誤會城與部同名

靈不爾厄

即荷屬靈蒲爾萬國圖作林堡又名蘭布阿全志作靈堡此部値北巴拉班的東南隅與日耳曼接壤會城日賣士的里至

萬國圖作麻士剔勒克

盧森不爾厄國

志略稱爲十一部之外別一部入日耳曼公會即在其界內括地略作司大魯生部而額一名薩生巴克云在德國黑辛北全志作勒克澤堡歐州圖考作盧森蒲爾稱爲荷王食采邑介比法間國政自主世界地學稱爲若克孫布哥大公國亦小獨立國萬國地志作露克雜勃尒掰萬國圖與比屬同作魯森堡稱荷屬都城同名同治二年倫敦訂約始半主近史作參山布尒比西洋史要作路克遜白耳克地產鐵在比東南

比利時國城地所在

比利時

志略又作北爾日加。萬國圖作比比利士。法志作伯耳義。一名伯利諸極。本和蘭南部。北界荷。西北距大西洋。即北海。西南暨正南。俱界法。東接普國。西土志繫稱分九部。出煤鑛。用法語。

南巴拉班的

萬國圖作勃拉班。地居中。都城曰不魯捨拉斯建於塞內河濱。志略又作木蘭洛士爾士萬國圖作勃魯悉耳。即比律悉。使德日記作白羅色耳漢文圖作白菱塞耳斯。西洋史要作布拉塞尒。括地略作勃拉塞耳。世界地學作布蘭設爾。地誌作白拉塞。稱小巴黎。地理問答作伯呂色勒。外國地理又作布拉些路。地球韻言作伯魯色爾。民工紡績。即近史布拉士舍路。西王澹利斯曾皇族處。

瓦德魯

距都城廿七里。世界地誌作奧得羅介。外國地理作烏多路羅。云在首府南。古聯軍戰場。西征紀程作瓦得路。即學會圖瓦特魯。普法交戰處。按即滑鐵盧。前以砂多盧當之。倘未諦。

安都厄爾比亞

在南巴拉班的北。壤接荷蘭。向為水運大埠。歐州圖考作安物爾。萬國圖作安哇噴。又名安瓦皮。地理問答作安兒伯。世界地學作安比。若士府地誌作安得哇普。近史作晏華勃。外國地理作晏壓路斯。稱第一良港。地球韻言作昂物司。云曾許德人寄泊。會城同部名。即萬國地志痕得畏拍。

東發蘭德斯

萬國圖作東傅蘭達士。在南勃拉班西北。會城學會圖及平方圖均名干的。萬國圖作占特。在部北。似即全志岡城。又名花城。云中央河渠交通多大橋。距都城西北九十里。地望亦合。

西發蘭德斯

在東發蘭西西距大海南界法萬國圖作西傳蘭達士近史統作烏蘭他爾斯云曾爲侯國會城日不魯日系水運海口萬國圖作勃魯治士郎勃魯什近史作布尒斯昔商匯處在部北又西城萬國圖作痾士典德學會圖作俄斯坦德臨北海又南城萬國圖作科剔力克郎若阿剔里學會圖作科尒特賴

海臘德

值南巴拉班的西南與法接壤全志作海臘萬國圖作厄奴又名很衣厚文　會城曰蒙肆系內地埔頭萬國圖作蒙士又名伯恆

那慕爾

在海臘德東南界法東北萬國圖作乃慕阿又名那門會城同部名在北臨苗士河

列日

在那慕爾東北與日耳曼接壤濱茁士河兩岸萬國圖作里治又名雷克地理問答作利日亦作利耳會城同部名附近多鐵鑛

比屬靈不爾厄

值列日北東界普北界荷卽萬國圖林堡與荷屬之靈不爾厄相連會城亦同名賣士的里至一域分爲兩地者也有屬城曰黑矢學會圖作哈西西尒特萬國圖作哈些耳在部西

比屬盧森不爾厄

在列日南東界普南界法卽萬國圖魯森堡會城曰亞爾倫萬國圖作阿倫此與荷屬盧森不爾厄名同而會城名異地界亦相近也會城西北有奴什阿途城卽學會圖紐弗查都

西班牙國城地所在

西班牙

一統志作以西把尼亞，四裔考作伊西巴泥亞，志略又作干絲臘，世界地學合葡萄牙稱伊比利半島，萬國地志作挨被倫，世界地誌作哀比利安，外國地理作伊卑利亞，一稱日國，以奪東南洋呂宋埠頭，亦稱大呂宋。東北與法接，有比斯開雅灣，西南距地中海，有英屬直布拖羅，爲地中海大西洋出入咽喉，西界葡，北距大西洋，志略稱分西十九部，近改省，舊爲尋地如國，近領地多失，猶號立憲小王國，括地略稱昔羅馬西境。

新加斯德辣部

歐州圖考作新加斯底，萬國圖作新卡士提雅，志略稱其地居中土，又分五部，卽加斯的里，宋咸平間建此部拒回者。

馬德里地

志略又作莫球爾勒得亦作馬特近史作馬得列拿氏曾入焉新加斯上等部名城名同乃西班牙都會即萬國圖馬德力地理問答瑪德利德漢文圖麻得力得括地略麻德剌世界地學馬德里德云跨大賀河支流志略稱建於滿薩那勒斯河左者是西洋史要又作馬德立德寒暑均酷地

瓜達拉砂辣

新加斯下等部名城名同萬國圖作瓜達剌哈拉圓球圖作果阿答拉察拉在部北

多勒多

新加斯中等部名萬國圖作多列惰圓球圖作拖里朵全志圖作土雷度一統志稱在山巔巧者製器運水山即多列惰在部西南城名同

固盈加

新加斯下等部名。萬國圖作坤嘎圓球圖作庫恩喀。在部東南城名同。

盧達里亞耳

新加斯下等部名。萬國圖作修辣里阿耳。圓球圖作西烏達得里奧。又在多列檣南城名同。

舊加斯德辣部

萬國圖作舊卡士提雅。其地在新加斯北。山岡與平原相間。歐州圖考作舊加斯底。志略稱又分六部。

不爾厄斯

舊加斯下等部名。萬國圖作布阿孤士圓球圖作怖耳果斯。歐州圖考作不爾各斯厄波羅河發源於此。在部北城名同。

羅哥羅虐

舊加斯下等部名。萬國圖作羅格倫約圖球圖作羅格恩奴地多商賈在部北偏東城名同似郎全志烏路格勒有教長理安道耳事。

三當德爾

萬國圖作三坦達全志圖作散日德圖球圖作薩恩塔恩代耳。舊加斯下等部名。城名同。建於比斯開雅海口。為北境大埠頭。南俯坎塔勃力里阿山。煤窰極多。

索里亞

萬國圖作索里阿。舊加斯下等部名。值部南偏東。城名同。建於山谷中。

塞額維亞

萬國圖作些戈維阿。四裔考作塞惡未亞。共地架梁作水道。圓球圖作羅哥力果。舊加斯下等部名。地氣寒。值部南。城名同。

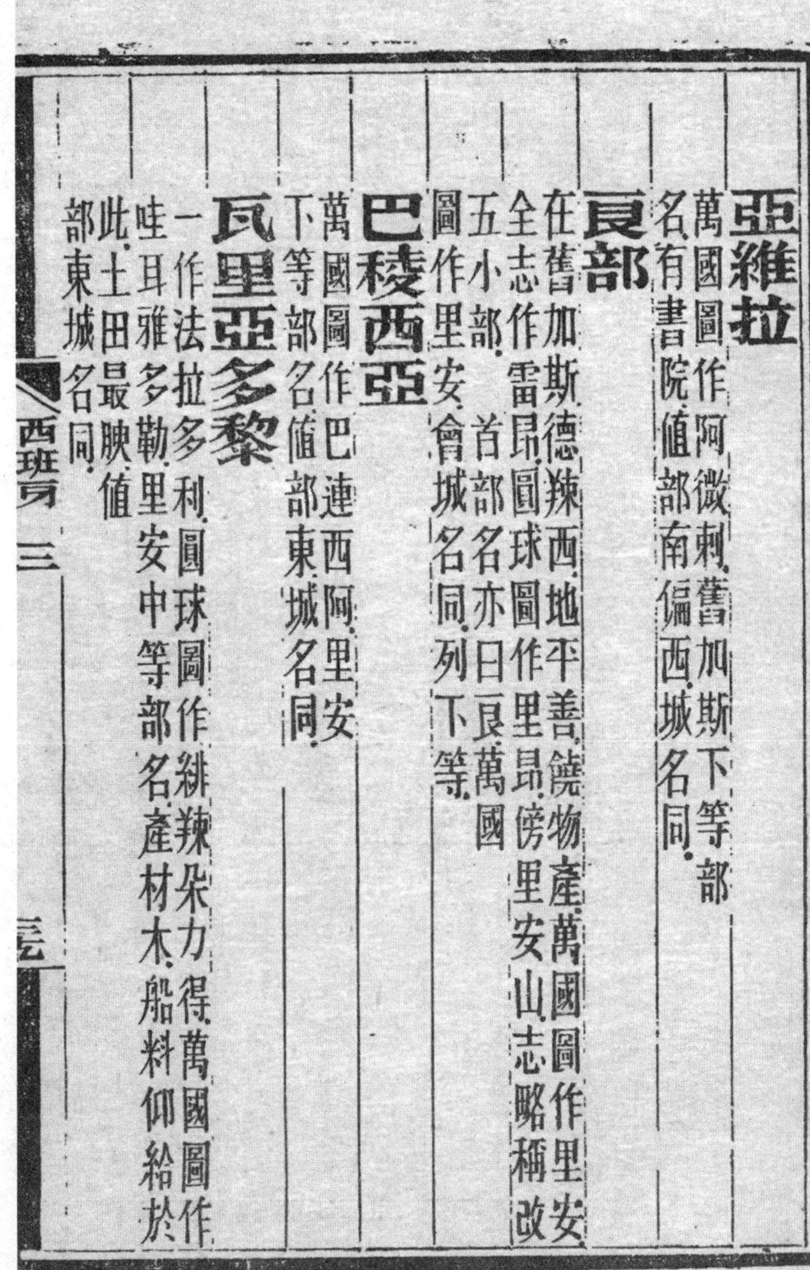

亞維拉

萬國圖作阿徽剌。舊加斯下等部名。有書院。值部南偏西。城名同。

亘部

在舊加斯德辣西。地平善。饒物產。萬國圖作里安。全志作雷昂。圖球圖作里昂。傍里安山。志略稱改五小部。首部名亦曰亘。萬國圖作里安。會城名同。列下等。

巴稜西亞

萬國圖作巴連西阿。里安下等部名。值部東。城名同。

瓦里亞多黎

一作法拉多利。圓球圖作緋辣朵力。得萬國圖作哇耳雅多勒。里安中等部名。產材木。船料仰給於此。土田最腴。值部東。城名同。

薩拉蒙加

即科倫布探地時與大臣會議處四裔考作撒辣蔓加近史作沙拉曼加云曾立大學萬國圖作撒刺茫喀圓球圖作薩拉曼喀里安下等部名昔大都會產名人今凋敝即秦西新史沙拉蠻克云英將惠靈吞追法兵至此值部南城名同

薩摩拉

萬國圖作撒麼拉里安下等部名產葡萄黃麻值部中城名同

加黎薩部

萬國圖作嘎利西阿全志作加黎西值里安西北隅南界葡西北距大西洋居米虐河下流地卑濕宜牧蓄志略稱分四小部

哥會尼亞

平方圖作科科爾路那。萬國圖作科倫雅。會城曰
剌科倫雅。漢文圖作哥爾納。圓球圖作考倫那。加
黎薩上等部名。城建海隅。商賈輻輳。爲西北大埔
頭。港口有大礮臺。當卽秦西新史科隆拉。云拿破
崙追英將
穆爾處。

桑的亞谷

平方圖作森的亞哥。萬國圖作三剔阿谷。有耶蘇
徒長墓。習教者趨之。此城當屬加黎薩部。哥曾尼
亞。奄
南。

顱竇

圓球圖作斐國。萬國圖作蒤魯戈。加黎薩下
等部名。相傳有羅馬舊城。値部北。城名同。

疴稜塞

圓球圖作俄來恩賽。萬國圖作俄連
塞。加黎薩下等部名。値部南。城名同。

奔德威達拉

圓球圖作旁臺緋得拉學會圖作維亐納萬國圖作蓬德維達拉加黎薩下等部名城名同值部西南

加拉拿大部

在極南境臨地中海近赤道而水土平良西洋史要作喀辣拿大曾割與英歐州圖考作克勒拿大萬國圖作格拉剌達圓球圖作格來那達漢文圖稱喀代基那志略稱分三小部首部亦名加拉拿大列上等爲南方大都會

亞爾美里亞

萬國圖作阿耳馬利阿圓球圖作奧邁力阿加拉大下等部名海口深闊可泊舟名阿耳馬利阿灣值部東城名同

馬拉牙

值部西萬國圖作馬拉嘎萬國地志作麥拉噶釋名謂卽圓球圖邁里答地望不符加拉大上等部名城名同建在海濱稱南方大埔頭泊船最穩卽馬拉嘎灣也似卽泰西新史他發加云英將孫利孫敗助法兵船處

瓦稜薩部

萬國圖作瓦連西阿全志作法倫第亞值東南隅臨地中海志略稱分三小部首部亦曰瓦稜薩列上等萬國圖作瓦連西阿外國地理作巴零西有港爲地中海貿易關鍵東南近海有那俄角卽萬國圖三馬丁角

亞利干的

值部南偏東全志作亞利干德萬國圖作阿里刊特圓球圖作愛力刊特瓦稜薩中等部名城名同

建於海濱、爲東南
境大埔頭港名同、

加斯德倫得拉不辣納

圓球圖作喀斯臺隆、學會圖作加斯德倫萬國圖
作卡士提庸、瓦稜薩下等部名、城名同、建於海濱、
物產貿易、與亞利干的
同、又在其北、値部東

木爾西亞部

圓球圖作諜布希晻、萬國圖作慕阿西阿在瓦稜
薩西南東南境、臨地中海、志略稱分二小部、首
部亦曰木爾西亞、城名同、建
在山谷、列中等、產鹽極王、

亞爾巴塞爾

萬國圖作阿耳巴西特、圓球圖誤喀代基
那、木爾西亞下等部名、値部北、城名同、

亞拉岡部

萬國圖作阿拉貢、泆志作亞剌岡、近史作亞拉干、西洋史要作亞拉拱、王國、在舊加斯辣東、其地山嶺重疊、寒、燠懸殊、志略稱分三小部、西班牙人於宋咸平間崛起此地、逐回部、

薩拉厄撒

圓球圖作薩拉告薩、萬國圖作剎拉各剎、全志圖作達拉哥達、亞拉岡下等部名、值部西、城名同、

烏厄斯加

萬國圖作維士卡、亞拉岡下等部名土膏腴、少歉歲、值部東北、城名同、

德魯厄爾

圓球圖作臺羅愛耳、萬國圖作鐵阿威耳、當郎平方圖德多薩、亞拉岡下等部名、產烏煤、值部中、城名同、

納瓦拉

萬國圖作納哇拉全志作那泆耳西洋史畧作拿哇耳在亞拉岡西北與法接壤山礦產五金志略云自爲一部列下等會城名攀伯羅納學會圖作班貝魯吶圓球圖則以納瓦拉爲安道拉當卽安道耳漢文圖所稱安道羅者互見下條亦卽拿瓦勒宋咸平間西人建此部拒回

亞斯都里亞斯部

萬國圖作阿士吐里阿士全志作阿斯夏利亞在舊卡士提雅及里安部北北境距大西洋南境負阿士吐里阿士山民居巖谷農作甚勤自爲一部會城曰痾維夜多圓球圖作俄斐愛朵萬國圖作俄維厄惰列中等

加達魯尼亞部

萬國圖作卡他倫雅法志作加陀路尼云曾爲法攻在亞拉岡東東南臨地中海北負比里牛斯大山與法壤接依山傍海物產慣盈貿易爲通國冠志略稱分四小部

巴爾塞羅內

萬國圖作巴提洛納、圓球圖作巴賽羅那、世界地誌作巴爾色羅那、加達魯尼南上等部名、城名同、建在海濱、爲東北第一大埠、擅地中海貿易關鍵、即外國地理伯路西羅拿、萬國地志派袞弄諾、

達拉貢納

學會圖作達拉哥納、圓球圖作塔拉果那、萬國圖作塔拉戈納、加達魯尼下等部名、地多烈風、值部西南、城名同、

勒黎達

圓球圖作來里答、萬國圖作臘伊達、加達魯尼下等部名、值部西、城名同、

日羅納

學會圖作吉羅內、圓球圖作海羅那、萬國圖作黑洛納、西洋史要作維洛那、昔曾會議討平民處、加

達魯尼下等部名值東北城名同建在山麓有金湯之固

比斯加亞部

學會圖作加達斯亦作維斯喀雅全志作比斯嘎志略稱介納瓦拉暨亞斯部里二部間北距大西洋郎萬國圖比士開雅會城當郎比耳巴俄全志圖作比勒保學會圖作畢尒波鄂圓球圖作必耳巴俄者志略稱分三小部首部亦曰比斯加亞寫羊毛聚處

給不斯孤

萬國圖作基普士科阿志略稱城建山麓為北境鎖鑰郎坎塔勃力里阿山東與幾利尼士山接者曾為法人毀盡事定修復比斯加亞下等部名會城志略不言當郎萬國圖三西巴士剔安圓球圖作巴堯恩全志圖作巴伊昂

亞拉襪

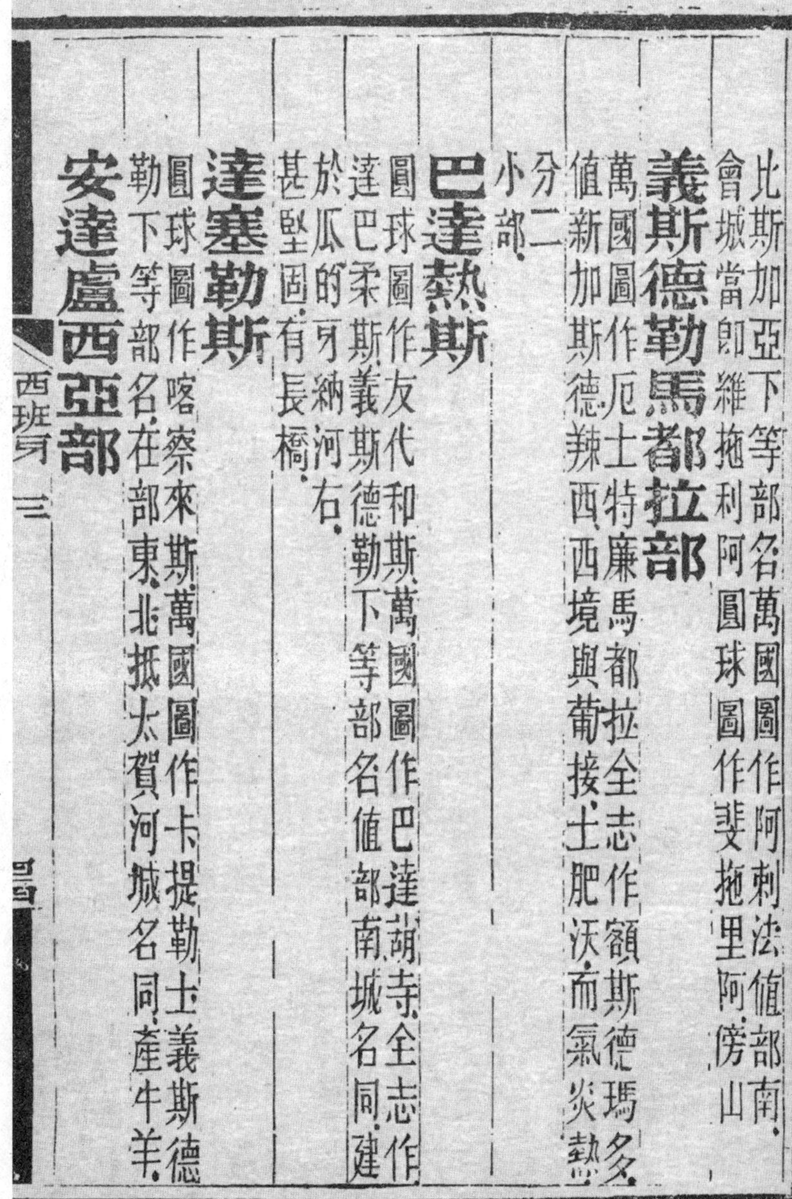

比斯加亞下等部名萬國圖作阿剌法值部南會城當即維拖利阿圓球圖作斐拖里阿傍山

義斯德勒馬都拉部

萬國圖作厄士特廉馬都拉全志作額斯斯德瑪多值新加斯德辣西西境與葡接土肥沃而氣炎熱分二小部

巴達熱斯

圓球圖作友代和斯萬國圖作巴達葫寺全志作達巴柔斯義斯德勒下等部名值部南城名同建於瓜的可納河右甚堅固有長橋

達塞勒斯

圓球圖作喀察來斯萬國圖作卡提勒士義斯德勒下等部名在部東北抵太賀河城名同產牛羊

安達盧西亞部

西班牙 三

萬國圖作安達祿西阿在新加斯德辣西南西界葡西南臨海長夏酷熱土人夜作分五小部

塞維里亞

漢文圖作賽斐耳萬國圖作些斐耳雅全志作色斐勒亞安達盧西上等部名在部西城名同豐饒爲南土最有古非州來木耳王古宮

烏厄爾稜

萬國圖作維耳伐安達盧西下等部名値部又西城名同臨海口民多捕魚

加的斯

即卡的士古時地跨有法志加斯的尒西洋史要卡斯第耳來志作巴魯斯與亡史作恰列斯全志作嘎第斯圓球圖作開氐資漢文圖作開氐斯世界地誌作加基芝稱爲新舊交通衢要港外國地理作加治士稱貿易場安達盧西上等部名城名同建在海角大而堅東距直布羅陀不遠哥隆起

行處西洋史要又作加地汶與亞拉岡昔稱兩雄國

哥爾多瓦

圓球圖作考朵發萬國圖作科多巴學會圖作哥尒多巴安達盧西中等部名值部西北城名同建於瓜達幾維亞河右郎西洋史要哥耳多哇回教曾入都焉

熱音

萬國圖作哈恩圓球圖作察安安達盧西下等部名值部北城名同土沃而農不勤

日巴拉爾大

志略又作直布羅陀西洋史要作吉布辣兒塔法志作日拉太地理問答作支伯拉德世界地學作計布蘭塔外國地理作治布拉路他路地球韻言作支伯勞登郎齊伯陸塔在安達盧西亞南境正值出地中海入大西洋處與非州北境對爲地中海門戶海峽與城名同舊屬西現屬英英人築城

其上名義人答答磯臺就山築

安道耳

西班牙附庸國介於法西兩大國閒保封疆無外患世界地學作安多蘭稱比列尼士山中小獨立國漢文圖作安道羅當卽圓球圖安道拉志略納瓦拉也互見上條西法互保國

附島

巴里亞利斯島

萬國圖作巴里阿力克地志作們球克圓球圖作抹昭刻在西班牙東南地中海內志略稱五島咸一部列下等 日馬惹爾架學會圖作馬拉尒架萬國圖作馬約喀圓球圖作抹昭刻 日米諾爾架卽近史米那加尒曾歸英圓球圖作密濘喀萬國圖作美挪喀駕地志作密拿克兩島較大產南果 日壹維薩學會圖作壹畢薩萬國圖作伊維薩全志作哀維沙圓球圖作伊斐薩 日佛爾門

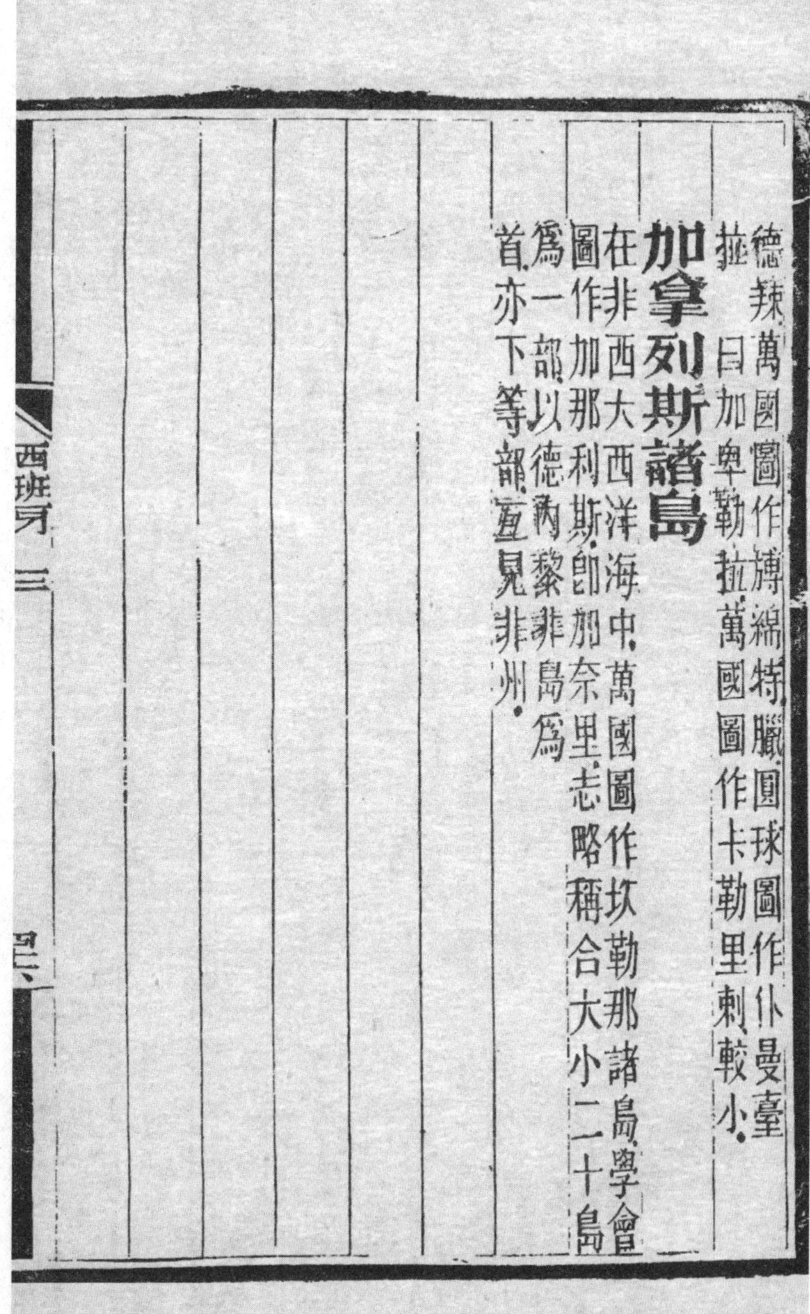

德辣。萬國圖作縛綿特臘。圓球圖作仆曼臺拉。日加奧勒拉。萬國圖作卡勒里剌。較小。

加拿列斯諸島

在非西大西洋海中。萬國圖作坎勒那諸島。學會圖作加那利斯。即加奈里。志略稱合大小二十島為一部。以德內黎非島為首。亦下等部。互見非州。

西班牙　三

葡萄牙國城地所在

葡萄牙

志略又作布路亞亦作波爾都欺四裔考作博爾都噶爾亞明季始來中國澳門世界地學合西班牙稱伊比利半島西人稱波爾脱掰兒郎全志波多該爾合二城名國古名盧西達尼亞一名大西洋國本西班牙西境與西常相嫉近爲立憲小王國海外領地多先西面大洋遥與北美大陸相對

志略稱分八部各領小部產葡萄酒

義斯德勒馬都拉

萬國圖作伊士得列馬都拉郎額斯德瑪多地居南北適中西距大洋領十一小部莫核都城在焉

日三達零志略稱在德人河右繁華爲通國最

郎圓球圖散塔倫 日塞獨巴尒地產鹽在薩都河右郎全志圖色土巴圓球圖賽吐巴均小部

里斯玻亞

葡都城建於德人河口志略又作勒門萬國圖作力士本世界地學作里斯本漢文圖作力斯本西洋史要作利司奔地理問答作利司波阿亦名利司本志略稱郎義斯德勒分部有海峽曰力士件西師伐英出此

卑辣

歐州圖考作上卑拉下卑拉志略稱分二部一曰卑拉亞爾達一曰卑拉拜砂萬國圖統稱伊伯臘領十一小部東界西班牙西臨大洋海值義斯德勒北當郎泰西新史非彌拉英將惠靈吞敗法兵處小部可核者日固英巴拉萬國圖作科闍勃臘平方圖作固英尒多有大書院多生名人志略稱爲舊日卑拉會城曰亞威羅平方圖作亞維羅在窩烏牙河口埠頭甚大

亞零德人

萬國圖作阿連提索在卑辣南義斯德勒東南東界西班牙西南隅臨大洋海領小部八莫核會城白厄窩拉平方圖作厄痾拉亞全志圖作厄勒法萬國圖作厄扶痾刺又有呢里禝斯者爲葡第一堅城

郎領部

亞利牙爾威

西洋史要作剔拉華耳加近西班牙半島海峽歐州圖考作亞利加爾威萬國圖作阿耳嘎霏西南臨海北界亞零德八東界西班牙領小部三其民好武善駛船郎近史特拉威尒加英師覆法全軍處會城曰發羅平方圖同東郎萬國圖搭霏剌志略作達維拉偁爲領部萬國圖失載發羅

斗羅米虐

歐州圖考統作米諾萬國圖統作閩約學會圖作彌諾平方圖作維哥東北界西班牙南界卑拉西臨大洋海領小部七志略稱斗羅米虐爲葡二大部

南葡牙 三

伯爾多

志略稱爲斗羅會城名萬國圖作俄坡妥地理問答作俄坡多稱葡西大城貼近斗羅河口世界地誌作俄坡爾脫稱葡國第二都會地學作窩波爾特稱舊都輸出葡萄甚盛圓球圖作俄泡拖漢文圖作阿波爾斗其米虐會城志略作巴拉加學會圖同而不另載斗羅一部全志圖又作布拉嘎

達拉斯德斯蒙德世

萬國圖作得拉士烏士蒙德士學會圖作達拉索斯蒙德世全志作達拉蒙德東北界西班牙西界斗羅米虐郎泰西新史脫累斯非特拉斯惠靈吞拒法兵處前山後海 會城曰巴拉安薩萬國圖作勃拉幹薩建山陵上土沃泉分領小部四莫核

附向

亞索爾亞羣島

志略稱譯言鷺島，萬國圖作阿索勒士，又名西島，在非州大西洋海中，距葡境約二千餘里，葡探得之墾為外部，講義作亞熱兒斯，圓球圖作阿蘇阿斯羣，萬國地志作亞栽尒，世界地學作阿撮爾郎挨濁尒，地誌作阿耶斯，其島之大者有九，可核者日三達馬利亞，圓球圖作聖麻里，日三迷給爾，圓球圖作聖米察耳，日德爾塞辣，萬國圖作透西拉，曰發牙爾，萬國圖作維雅爾，曰佛羅利斯，萬國圖作夫老來斯。

斐德角羣島

郎綠山頭羣島，并瑪德拉羣，均屬葡，見非州內島。

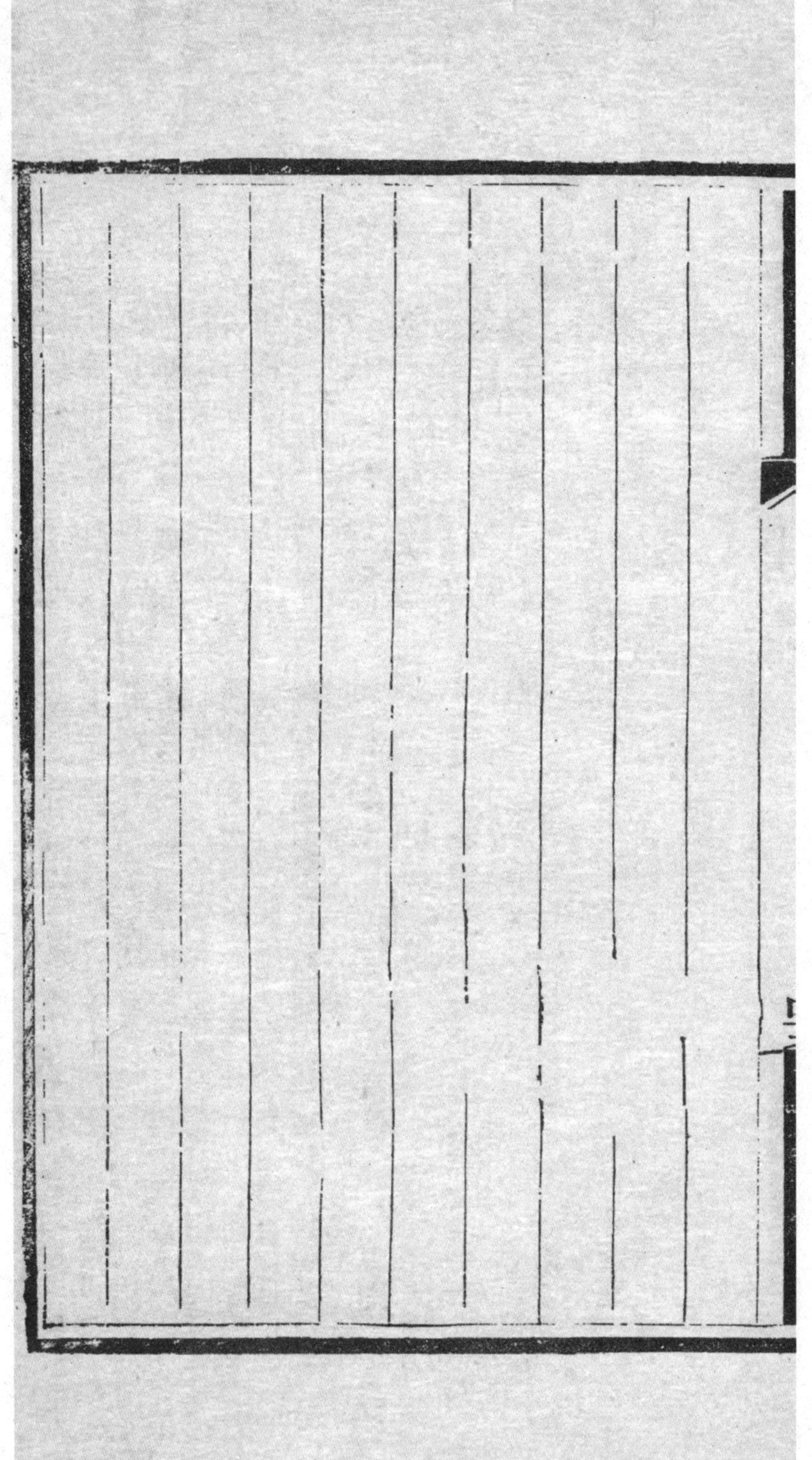

瑞典國城地所在

瑞典

志畧又作蘇以天，亦作西費耶斯科。地理問答合挪威、丹國名斯干第那斐亞，亦斯斯干的挪瓦。世界地學作士甘加比阿半島。地誌作斯康地那維亞。輿亡史作士斯堪達列冰。云其種出日耳曼。西征紀程作斯的干那味。外國地理作更始拿膾亞。東南距波羅的海，西北距大西洋，北負北冰海，中亘連山爲瑞挪二國界。舊分四大部，後分多部。立憲王國。多鐵鑛，出鰍魚。

綏林波羅

志畧稱爲瑞典建都部。郎萬國圖瑞利治。一作綏蘭者。

斯德哥爾摩

括地畧作式達哥爾摩。近史作士度阿林。志畧又作士突訓。萬國圖作士篤恒。漢文圖作保斯叨克。

瑞典 三

浩母西洋史要作斯斯脫克呵姆萬國地志作斯篤克化姆圓球圖作斯斯叨克浩母地學作士多庫痕地理問答作斯德賀倫瑞典京城名建於美拉爾湖濱在多數島上即綏林波羅部內外通海口為通國大埠頭亦波羅的海邊良港外國地理則作士篤故河路未稱冬季有結冰之慮

曷蘭

萬國圖作魚塔蘭地處最南三面界海即外國地理軌騐蘭一作鄂武蘭者前瑞典王發迹地學會圖作哥士蘭

那蘭

萬國圖作挪阿蘭當即圓球圖𢶀魄麻克地界在北又東北乃臘巴蘭

臘巴蘭

即拉拍蘭全志作拉伯蘭亦作拉波蘭志畧又作勒必蘭萬國圖作臘魄蘭平方圖作剌普蘭漢文

圖作辣魄蘭得。世界地學作拉布蘭得。有拉布土
人居此。地界又在北背負冰海極北。則冬有夜無
書。現屬俄。以
上瑞典四大部。

烏布薩拉

萬國圖作沃魄薩剌。圓球圖作歐魄薩拉。全志作
烏破撒爲舊京有大書院。當卽俄史火格洪司云
瑞曾爲俄敗處。値
都城北。與名同。

疴勒波羅

較其地望。卽萬國圖鄂利勃魯圖
球圖伍來白魯値烏布薩拉西南。

尼哥兵

萬國圖并尼哥兵作諾阿扣平。不載尼哥兵。據學
會圖諾爾哥兵。在南。另一地値疴勒波羅東南。

哥巴波格

値日非勒西萬國圖作科帕堡平方圖作科巴波格有城名發魯恩萬國圖作法隆平方圖作佛隴漢文圖作和倫

加爾羅斯達

萬國圖作卡耳士撻圓球圖作喀耳斯塔特値韋塔湖北疴勒波羅西北

斯德拉哥巴爾卑

萬國圖作土刻列夫提俄東臨伯得尼阿灣河名同即圓球圖斯開來夫提俄平方圖斯克勒佛的

釋名誤以科帕堡當之

日非勒波爾

平方圖作日非勒萬國圖作葉夫累堡圓球圖作崖夫來即俄史勒非埒云伐瑞兵船曾泊此城名同東臨海灣望阿蘭諸島

靈哥兵

萬國圖作林扣平圓球圖作淩庫平值韋塔湖東尼哥兵西南

加爾馬耳

萬國圖作卡耳麻圓球圖作開耳摩東臨加爾馬耳海峽隔峽即曷蘭島西北與尼哥兵相值

仍哥兵

萬國圖作勇扣平城名同值韋塔湖南

卡耳士克路納

值加爾馬耳西南城臨海角平方圖作喀爾斯羅那末譒即志署斯加拉波爾否又西北有威克西俄城即萬國圖維士痾圓球圖外克希育值仍哥兵東南釋名牽合威士德來斯地望不合

痾德波爾

瑞典　三　三

平方圖作哥德波爾圓球圖作果台保格萬國地志作哥德勃搿稱扼圍納湖口地望値勇扣平西郎萬國圖魚塔堡盛貿易東北有威那斯堡萬國圖作威拿士學會圖作温內斯波格上接威拿湖尾下臨魚塔河似郎西洋史要威麥爾侯國疴德波南海岸又有法肯洛格大城全志作嘎吞布革植物可稱第一

亞爾薩斯達

萬國圖作哈耳士撻圓球圖作哈母斯塲得西臨韃之加約牙峽當屬亞爾蘭

馬利厄士撻

平方圖作馬利斯大得圓球圖作麻里愛斯塔得値韋塔威拿兩湖間南方

基利斯的安斯達

萬國圖作克力士提安士撻値馬爾摩呼斯北西臨窄海

馬爾摩呼斯

值基利斯的南西與丹麥京城隔峽相對萬國圖作馬耳穆平方圖作馬爾摩圓球圖作麻摩疑卽世界地誌拜恭稱爲第二商港以水產著名者

諾爾波敦

萬國圖作挪阿波敦卽諾波敦值大部挪阿蘭北

威斯德爾波敦

平方圖作威斯波敦學會圖作西波敦萬國圖作威士塔波敦值威斯德爾諾耳蘭北

威斯德爾諾耳蘭

平方圖繪爲兩地萬國圖作威士塔挪阿蘭平方圖作諾爾蘭學會圖分作西諾爾蘭作[illegible][illegible][illegible]北偏東

疴德羅

、萬國圖作附羅阿。附近英多爾河南。留乃士河北。東北城。名海耳奴散得。即萬國圖黑阿奴孫。平方圖作赫諾山德者。據萬國及平方圖二城均屬威斯德爾諾爾蘭。

仍德蘭

萬國圖作巖特蘭。值威斯塔挪西南。

烏士特孫

平方圖作鄂斯德松特。按此城志畧無據萬國平方二圖。當屬仍德蘭。以上多瑞典後分部。

芬蘭

即西費耶轉音。在波羅的海東岸。與臘巴蘭近奈西新史作芬蘭達省。本瑞典東境。康熙年間割歸俄。

附島

厄蘭島

萬國圖作悅蘭全志作約特蘭圜球圖作伍抔恩在卡耳麻峽東迫近海岸平方圖則作曷蘭島也東北有告特蘭島萬國圖作魚塔蘭平方圖作疴德羅塔果島全志作代哥萬國圖作達戈伍蒐島萬國圖作五悉耳全志作哀色勒達戈五悉耳均在俄里藹灣西北其北又有阿蘭諸島在波羅的海首俄史作阿蘭得云彼得攻瑞典至此全志作俄蘭郎學會圖亞蘭得斯羣萬國地志阿倫特

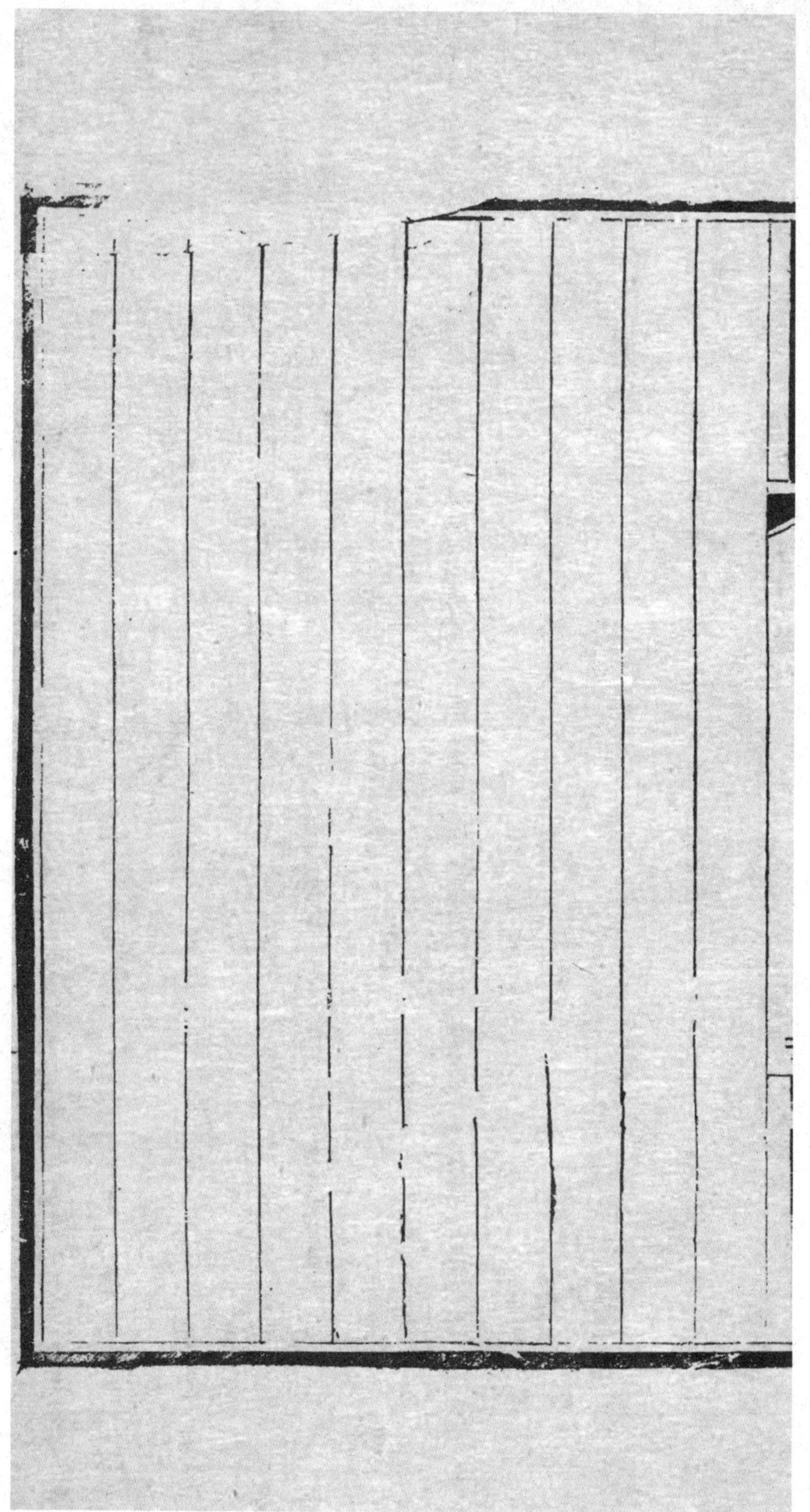

挪威國城地所在

挪威

俄史作諾爾威．四裔考作諾而勿惹亞．志畧作挪耳瓦．法志作那耳威．漢文圖作那諾．在楚倫山背．北抵冰海．西面大西洋．南有腴壤．迤北多砂磧不毛．亦立憲王國．舊分六部．後改多部．

革利斯第亞那

平方圖作格里士特阿拿．萬國圖作克力士提阿尼阿．歐州圖考作基利斯的亞納．世界地誌作司梯亞尼亞．地學作庫利恰尼阿．稱貿易重地．挪威首部．亦京城．名．外國地理則作固里士溙二亞首府．南跨波湖土灣．似卽近史腓利的列查瑞典王查理．前圍此城．沒於陣．

幾力底斯安山

平方圖作幾力的斯安山．德萬國圖作克力士提安散圓球圖作格力斯提安散得．漢文圖又作科

噴海提地望在極西南俯臨北海

沃牙哈斯山

地處都城迤[illegible]東方萬國圖統括以哈麻平方圖統括以哈[illegible][illegible]會圖作哈爾馬圓球圖作哈丹周有灣與部名同

麻銀哈斯

地處都城迤北西方萬國圖亦統括以哈麻

特倫林

地望値哈斯又北平方圖作德倫的音萬國圖作特倫嚴圓球圖作得瑅得哈愛母亦作特瑅狄母

那蘭斯

萬國圖作挪阿蘭平方圖作諾爾蘭圓球圖作淖特蘭得地望又北背負北海非人所居稍南夏日

長九時。冬〻夜長九時。極北則冬〻有夜無晝。夏有晝無夜

肥引墨

萬國圖作芬瑪克圖球圖作分麻肯平方圖作分馬爾根。在極東北境負北冰海。以上挪威舊有六部。

斯達完白爾

萬國圖作士卡方嘎平方圖作斯斯達完格圓球圖作斯塔發恩勾。値幾利底斯西北。西臨北海。

基利斯的安

平方圖作基力斯的安松得。萬國圖作克力士剔安孫。圓球圖作克力斯提安蘇恩特。地望在北特倫林西南。臨海。

斯大得

萬國圖作士撻特，值基利斯的又南偏西島上。東北地圖，圓球圖作老母斯答，學會圖作羅慕斯達爾，值基利斯的又南偏東。據志畧亦部名。

仍爾盧斯卑爾

當卽學會圖羅斯維格，萬國圖路士委，圓球圖邁耳斯特婁母島，西南有波多城，傍海灣在諾爾蘭境內。

南卑爾仁

平方圖統作卑爾仁，萬國圖統稱伯根，圓球圖作抔耳根，歐州圖考稱爲挪威西方大城，島名同，亦大埔頭，世界地學作別爾根港，稱輸特產肝油，外國地理作俾路競，稱以產鱖魚著名，卽全志貝爾肯海口。

北卑爾仁

萬國圖亦統名爲伯根。偪南卑仁北。

洛旛敦諸島

歐州圖考作羅福定羣。平方圖作羅佛敦羣。全志作勒佛盾。萬國地志作落弗滕。在最北境。背北大西洋。島中有地曰欣杜。學會圖作欣多。近島海中。產鹼魚青魚。

南德倫的音

萬國圖作南特倫嚴。平方圖作南德倫的英島名同。偪哈馬北。

北德倫的音

萬國圖作北特倫嚴。平方圖作北德倫的英。圓球圖統稱爲特珉狄母。昔爲挪威王舊都。前山後海。偪南德倫北偏東。

特隆蘇

在極東北。圓球圖作特老母蘇愛。平方圖作德琅索。城名同。值肥引墨西南。諾爾蘭東北

咸馬斐士特

又在特隆蘇東北。平方圖作亨墨斐斯。全志作哈梅弗司。云魚類木料。大麥六星期可收。以上多挪威。後分部。

附島

委根奴島

平方圖作委根。與下一島均挪威西方多數島也。

委頓諸島

平方圖作雑格屯。圓球圖作斐格屯二島。均值北德倫的音西北。

新雅兮北爾根島

在冰洋中圓球圖作斯必子抹耳景羣全志作司
必支勃琴平方圖作斯疋次北爾根萬國圖作士
疋斯勃根此島南與瑞挪相偪地荒寒其西方
島平方圖作欽耳斯圓球圖作察耳斯東北島
平方圖作北東蘭南偏東島平方圓圖作和鯢圖
球圖稱一名海馬南偏西島圓球圖稱一名拜
耳平方圓作熊島其東北有陸地毗連北極與
此島相望者全志作法蘭士約琴稱以奧皇名命
島平方圖作佛蘭擦約西發羣
島畧偭俄諾歪亞森力亞島北

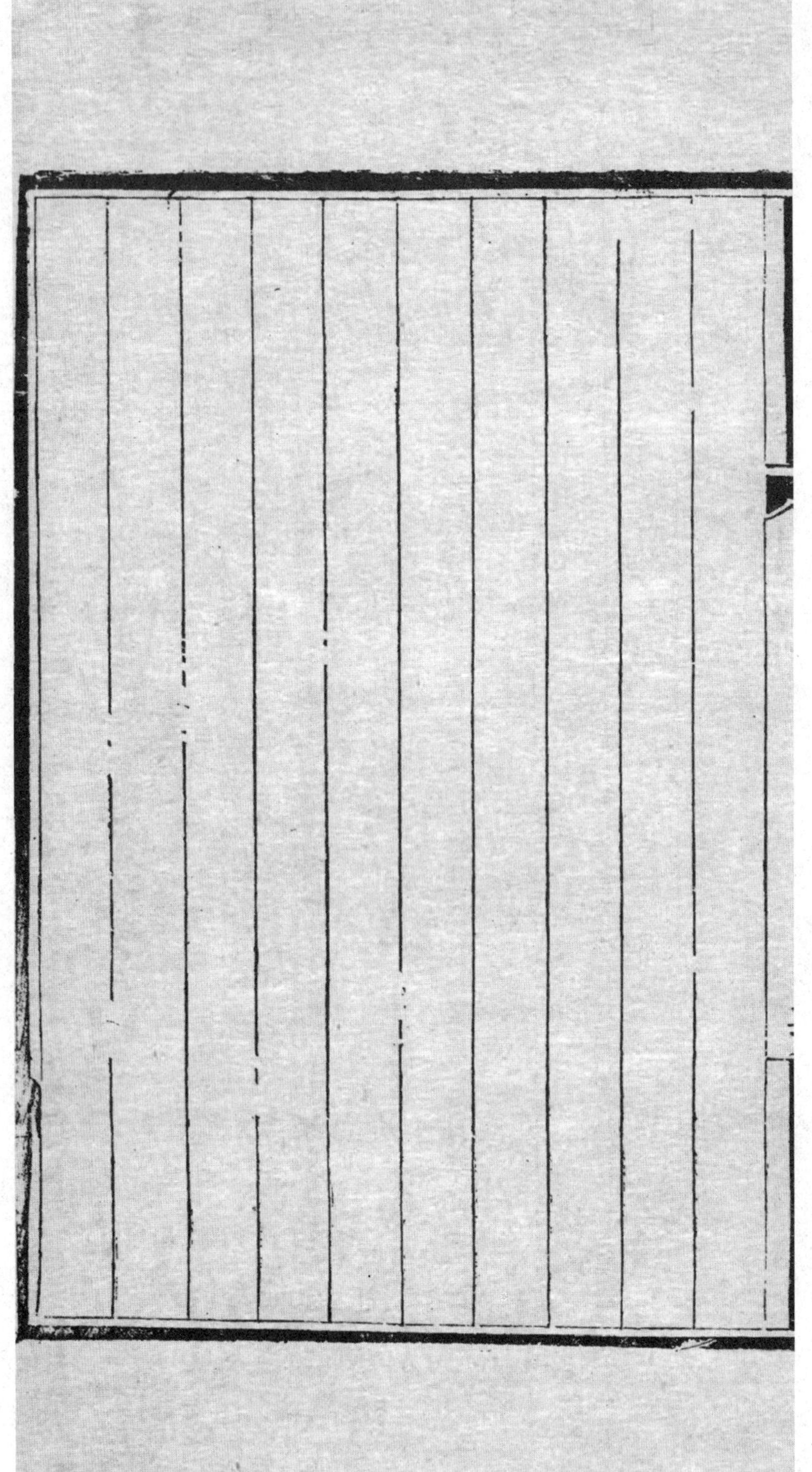

嗹國城地所在

嗹國

志畧又作丁抹，亦作蘇尼祭。西征紀程作大尼法。志作嗹馬。萬國圖作丹瑪。世界地學作丹麥。外國地理作丹墨。一統志合瑞挪稱大泥亞諸國。法志又稱爲諾耳滿。地形從日耳曼北出，如人握拳伸臂於海中，與瑞典南境相對，北西東三面皆海，南界德。舊分五部，島嶼最多，稱立憲小王國。

低納馬爾加

志畧又作塞蘭。學會圖作日倫，又作西倫。萬國圖作西蘭。漢文圖作西蘭提。世界地學作計蘭德。括地畧作實倫。在極東，都城建於是島東北隅，即外國地理治蘭島。萬國地志基倫特。

哥畢納給

志畧又作可品哈音。學會圖又作哥平哈。經近史作哥賓巴堅。云英曾破丹麥於此地海門。圓球圖作科噴海根·括地畧作哥本赫根·地理問答作哥笨哈根·世界地學作哥賓赫根·俄史作果本好根·漢文圖作卑納給外國地理作江平蝦鏡萬國圖作扣本杭·嗹國京城名·通商大埠·港內礮臺亦堅固·

宋德海港

即學會圖德松全志孫德·在西蘭島東·有港埠曰亞西諾各國貨船往來波羅的海者·必由是口·嗹搤之設關權稅經各商糾款贖銷地理全志稱窄海名加的牙者·乃其上承水峽·學會圖作喀德加特萬國圖作喀提葛特·圓球圖作開提該特世界地誌作古底加脫·即加的牙轉音·

波爾阿摩島

在西蘭島東南·孤懸波羅的海·地近瑞典·人忠於嗹·即萬國圖邦恒島·

辣蘭得島

學會圖作拉蘭全志作嘎德蘭稱自德北部突出海中在西蘭島南與四圖小島合成一省即萬國圖羅蘭島稍西南又有斐曼島學會圖作菲馬尼志畧所謂日倫之南有兩島相連者是也又東即德姓士特及留根島

非俄尼島

學會圖作佛甯在辣蘭得西北人德蘭東南亦與四圖小島合成小省萬國地志作分能萬國圖作富恩地理問答作斐內恩志畧又稱非俄尼亞西界海中多小島而不著其名當即萬國圖東北斐里西阿諸島及西爾特島也

人德蘭島

地處極北廣莫多砂磧萬國圖作魚耳蘭地志作求得倫特外國地理作詐多蘭半島世界地誌作加脫郎德地學作加多蘭德稱嗹國以此半島合計蘭德大島而成島西南地萬國圖作里伯學

會圖作
利伯。

奧耳保格

萬國圖作鄂耳堡。學會圖作亞爾波格。入德蘭島中城名。南一城。名斐保格。學會圖作威波格。萬國圖作徵堡。堡之極北。有士考角。一名燈塔角。

勞英不爾厄

在入德蘭迤南。志畧稱爲五部之一。西洋史要作洛白勒。會議與普。一本作勞因堡。近史作羅英布爾比。別一部。曰痾爾斯德音。又在勞英不爾厄同南。即萬國圖荷耳士甸。地球韻言作庫斯旦者同治五年歸德。互見。

石勒蘇益克

志畧稱又在痾爾斯德音南。即萬國圖什里士威克地球韻言斯勒斯維西同治三年。戰敗歸德。二

部均界德之日耳曼。舊出公會額兵。互見德國內。據萬國圖在荷耳士甸北

亞爾多納

萬國圖作阿耳拖納。志畧括地畧均稱丹麥南界大埠頭。與德日耳曼昂不爾厄卽漢堡相近。時相爭。各圖繪入德界。久爲德據矣。或卽漢堡會城。互見德國內。

附島

義斯蘭地亞島

志畧又作西哀爾蘭。萬國圖作愛士蘭。又稱氷島圖球圖作阿斯蘭得。泰西新史作艾斯蘭。云曾移民於美。平方圖作冰州。地理問答作伊斯蘭。稱在北美格林蘭東大西洋北。截外國地理作哀士蘭稱遥接北極圈。盛鯡魚。昔有熱水來朝。近改趨。仍荒寒。京城名來加斐革。萬國圖作賴基阿維克圖球圖作拉愛克亞斐克。平方圖作賴幾亞維克圖中有火山。曰亥革拉。志畧作挨哥辣。平方圖作

黑克拉。圓球圖作海克拉。世界地學作赫庫拉。此島去英三島北數千里。屬嗹無貳志。大本國二倍。

非樂厄羣島

在義斯蘭東南。近英北境。有二十二處。萬國圖作法祿。平方圖作發祿。圓球圖作緋羅。世界地學作法羅。稱在本國西北二百方英里。卽萬國地志富魯學會圖發俄爾羣島。

革林蘭島

萬國圖作格林蘭。平方圖作格陵蘭。本那威人探得。世界地學作哥里蘭得。圓球圖稱卽青地。譯言綠地。亦作綠洲。稱爲廣大陸地。分東西二處。循北美東北。下有格林蘭海。卽外國地理故利晤蘭島。東通伊斯蘭隔一峽。北通冰海。南連大西洋。嗹屬其西一處南方。首城曰加列安沙。平方圖作裕力安斯哈。自北方一城。曰歐剖乃斐克。平方圖作烏珀那維克。其東一處。平方圖作斯科爾斯拜門。

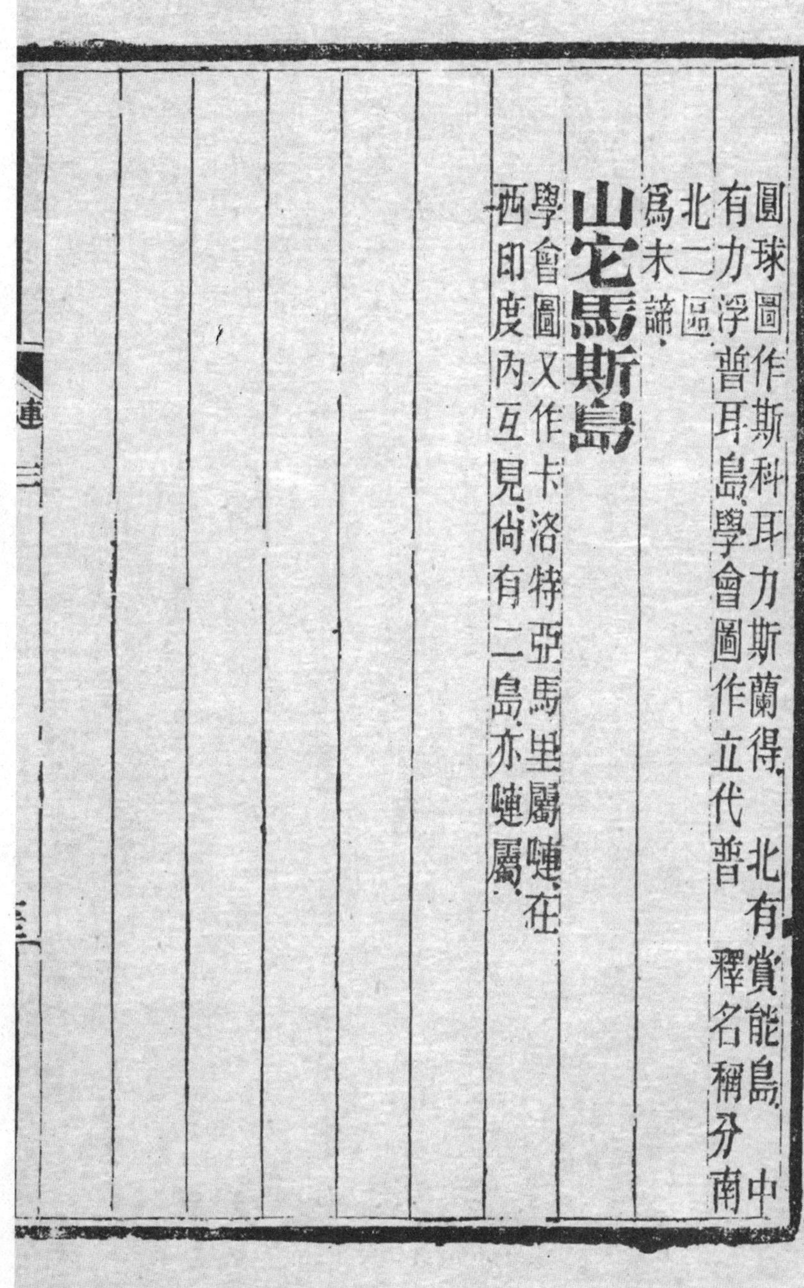
圓球圖作斯科耳力斯蘭得。北有賞能島。中有力浮普耳島。學會圖作立代普譯名稱分南北二區爲末諦。

山宅馬斯島

學會圖又作卡洛特亞馬里屬嗹。在西印度內互見。尙有二島。亦嗹屬。

瀛寰譯音異名記卷四

國部城地　附海島　非州

松滋杜宗預編

非州北土諸國城地所在

非州

志畧作阿非利加·又作利未亞·在亞州西南·東距印度海·西距阿則諾亞海·即大西洋·南抵大南海·東北距紅海·北距地中海·北多回部·南皆土番·中央迤北皆沙漠·敘列自北土始·

麥西國

志畧稱古名厄日多·亦作以至比多·又稱元史密昔爾地理問答作伊及·萬國圖作埃及·爲西土開創始祖發祥地·北地中海·東紅海·東北連亞州·猶太阿剌伯·田資尼羅河灌溉·財賦求莞於英法·

加義羅

平方圖作開義羅圓球圖作喀愛羅萬國圖作開
羅地理問答作該羅世界地學作改羅一作加義
路在蘇以士運河尼羅河中間麥西京城名亦著
名海口爲古亞拉伯文學中心有金字塔卽典亡
史克
衣羅

北爾卑義斯

值開義羅西南麥西部名萬國圖作法拉傅刺平
方圖作法拉弗拉法志作巴列斯斯的內言伐冋部
至此圓球圖作乏拉發來其沿尼羅河諸城部
圓球圖有日米尼崖者當卽志畧迷尼曰西伍
特者當卽西征紀程亞西烏德志畧西干德曰
擠拜斯者有古王族全志作提庇士當卽志畧給
比爾西征紀程加比西洋史要塞拜思曰抔力
乃斯者當卽志畧美黎曰內基勒者當卽志畧
內日勒他如齊爾日給內挨斯內迷尼亞
法雍等部均沿河東西學會圖一本志畧

達迷也大

麥西最北境亦部名．全志作達滅達．學會圖作達米伊塔．法志作德迷也多．圓球圖作達米厓埸西臨新開河口．東有城李圭東游記作鉢碎．稱爲地中海盡處．新開河北口．萬國圖作波賽特．平方圖作波特塞得．世界地誌作格賽府地學作頗多設多．英法日記作波利寨．五大洲志稱葡特撒以得角．與該羅亞立山同稱著名海口．

達迷大西有羅西塔城．全志作羅色達．

亞立山德

志畧作亞勒散得．法志作亞歷得萬國地志作亞爾克聖特里．近史作亞力山利亞．萬國圖作阿勒散得力阿地理問答作阿勒散地亞．圓球圖作夔來克散得力哈．世界地學作阿歷山得梨港．泰西新史作亞力山打海口．麥西通商大城名．貼近尼羅河口．有鐵路通綏斯．爲馬基頓王亞力山德所建．郎印度劄記阿勒薩城．新河未開以前．商船由此登陸．剝運送綏斯．下紅海．亦古學術最盛處．

努北阿國

地理備考作盧比亞志畧又作怒北一說卽元世祖俱藍國圓球圖作努比喻萬國圖作努比阿萬國地志作紐皮亞亦呼南埃及東枕紅海南接科多番西連尼給里歸麥西兼轄亦英所莞有大城曰嘎盾卽西征紀程喀杜穆泰西新史戈登被殺卡二通均言加東圓球圖瘵吐母世界地學加次姆稱爲內地貿易要路青白泥二河合處鐵路通該羅有巡撫外國地理又作加路儲末志畧稱努北地分四部曰當哥辣圓球圖但作紐當果拉尚有俄耳當果拉黑薩當哥拿等名均卽世界地學敦哥蘭府稱與土蠻交易處曰塞那爾圓球圖作賽那曰札日斯平方圖作薩魯斯一卽努北阿也

蘇亞金

其地東臨紅海西征紀程稱亦努屬部全志作水阿金云往麥加嘎盾要路泰西新史作蘇窪欽云英伐蘇丹時曾由紅海口至此登岸查往蘇丹路程卽圓球圖斯瓦給或世界地學士阿克姆港

阿北西尼亞國

古與努北阿總名伊西比亞志畧又作亞毘心域稱郎元時馬八兒國西征紀程則稱馬八兒爲印度馬拉巴爾與亡史作阿比尼牙云曾伐東羅馬海國圖志作阿邁斯尼地理問答作阿比辛伊亞泰西新史作亞別新尼亞近報作阿毘比辛尼亞萬國地志稱亞培息力山國在努比亞南索麻利西北自古爲土番部落其國以世界地學馬沙港平方圖作謀沙全志作瑪蘇阿圓球圖作麻梭瓦濱紅海處爲貿易塲分數部按馬沙近亦歸意釋名誤以之當瑪革達拉非是

公達爾

五大洲志作公達兒圓球圖作岡答萬國圖作貢達外國地理作江特地理問答作根達萬國地志作巋特阿北西尼京城名在國中間薩那湖畔

昂哥皁爾

圓球圖作安果巴萬國圖作安科巴海國圖志作牙爾臘西征紀程作哥拉阿北西尼部名值都城東南一說爲碩阿部會城別有部曰昂合拉平方圖作昂各拉即圓球圖安果辣拉學會圖昂哥拉地望偏西北

薩馬拉

平方圖及漢文圖均作撒馬拉學會圖作刺加馬拉值昂哥西阿北西尼部名東臨海灣者萬國圖作他竹拉圓球圖作塔珠拉平方圖作大折拉又西堡城在山上平方圖作馬格達拉曾爲英得地理問答作瑪革達拉東北即濱紅海口亞發學會圖作亞法爾值本國東昂哥拉東北兼屬法意西征紀程稱即海國圖志尼羅國全志稱意領伊立德利亞首府曰瑪蘇阿即前馬沙港

巴巴利諸邦

米志作巴里巴里地勢北俯地中海灣與亡史作巴巴里亞云曾爲科爾門所破世界地學作別爾

別利亞。法志作波巴里。世界地誌作博爾巴利。以初居其地卑卑爾人命名。非州北方一大土屬國列下。

的黎波里國

亦作挑哀力。萬國地志作得利薄里。地理問答作德利波利世界地學作特利頗利。地誌作脫里波里。外國地理作駝利波利屬巴巴利小國。亦地中海濱薩哈拉商隊集合所。京城同名。建於海隅。值埃西方。國政請命於土　志畧稱分四部。京城卽首部之一。屬城曰赤斯密斯拉塔。卽與亡史滅塔拉。平方圖密斯拉塔。曰拉薩拉曷母。平方圖作列不達。　曰瓦狄拉母。卽平方圖沙拉。均臨地中海灣。

巴爾加

萬國圖作巴喀。的黎波里屬部名。値東北。臨海屬城。萬國圖作便葛西。平方圖作班加西。全志作

笨嘎西圓球圖作本噶西亦海口 腹地屬城平方圖作拗格圓球圖作奥基拉萬國圖作澳之刺

非三

圓球圖作緋散萬國圖作非散萬國地志作夫愛弱世界地學作弗耶散撒哈拉大漠中一美地亦的黎屬部凡欲過漠者自的黎向南行

亞達美

圓球圖作喀答米斯學會圖作加達美斯的黎波里屬部名逼近大沙漠

木耳蘇革

平方圖作模爾素克卽全志麻耳八務耕作圓球圖作摹耳蘇克萬國圖作木阿蘇克在非三南正臨撒哈拉大漠此城屬非三其東北地曰蒐克力平方圖作蘇克拿亦別城也

突尼斯國

志畧又作土匿亦作都泥斯卽古土羅地圓球圖作吐逆斯法志作的尼土萬國圖作吐尼土地理問答作度尼斯世界地學作邱里士半島外國地理作超二土京城同名建於波加斯湖濱高阜上盛商業地形北出東北兩面皆臨地中海南端有笨角世界地學作崩角圓球圖作邦角初屬土現歸法保護 地屬城曰開灣平方圖作開温志畧稱分兩部東近海

阿爾及耳國

法志作亞耳惹里志畧又作阿利額漢文圖作亞再齊阿泰西新史作亞勒尖文名雅里積世界地誌作亞爾地學作阿爾色利阿萬國圖作阿耳及里阿地理問答作阿勒支利亞圓球圖作愛耳其力歐卽外國地理亞路嗟利亞萬國地志亞爾求拉國古多海賊在突尼斯西屬法近改省與亡史謂之恰爾則幾云爲非尼西亞古國殖民地西洋史要謂之加塞其云曾爲羅馬所破

阿勒支耳

漢文圖作亞再齊萬國圖作阿耳及阿士世界地學作阿爾鵠士稱法設總督府外國地理作亞跡治路士稱產鐵及紙料阿爾及耳都城名古名銀城建於遏剌士山坡上志畧稱阿爾及耳分七部此卽其首部也其他可核者曰馬斯加拉圓球圖作必斯喀拉曰岡士丹的納平方圖作岡士丹爾的納圓球圖作康斯答恩提恩地理問答作根斯旦典納北臨海曰卑爾北耳平方圖作比耳克拉曰的德利平方圖作瓦格利皆部名西西南城圓球圖作斐斐格平方圖作菲吉格北城全志作俄蘭平方圖作阿蘭圓球圖作俄拉恩正北城作平方圖作得里斯圓球圖作代里斯

摩洛哥國

志畧又作馬落可圓球圖作摩老科地理問答作摩勒哥世界地學作讀若科一作馬六果一呼紅帽回回王曰蘇丹外國地理作摩綠高稱爲海西獨立王國步兵英法人訓船德統國北有斯帕台角値阿爾及耳西方北枕地中海西距大西洋南抵大漠志畧稱分六部以摩洛哥爲首

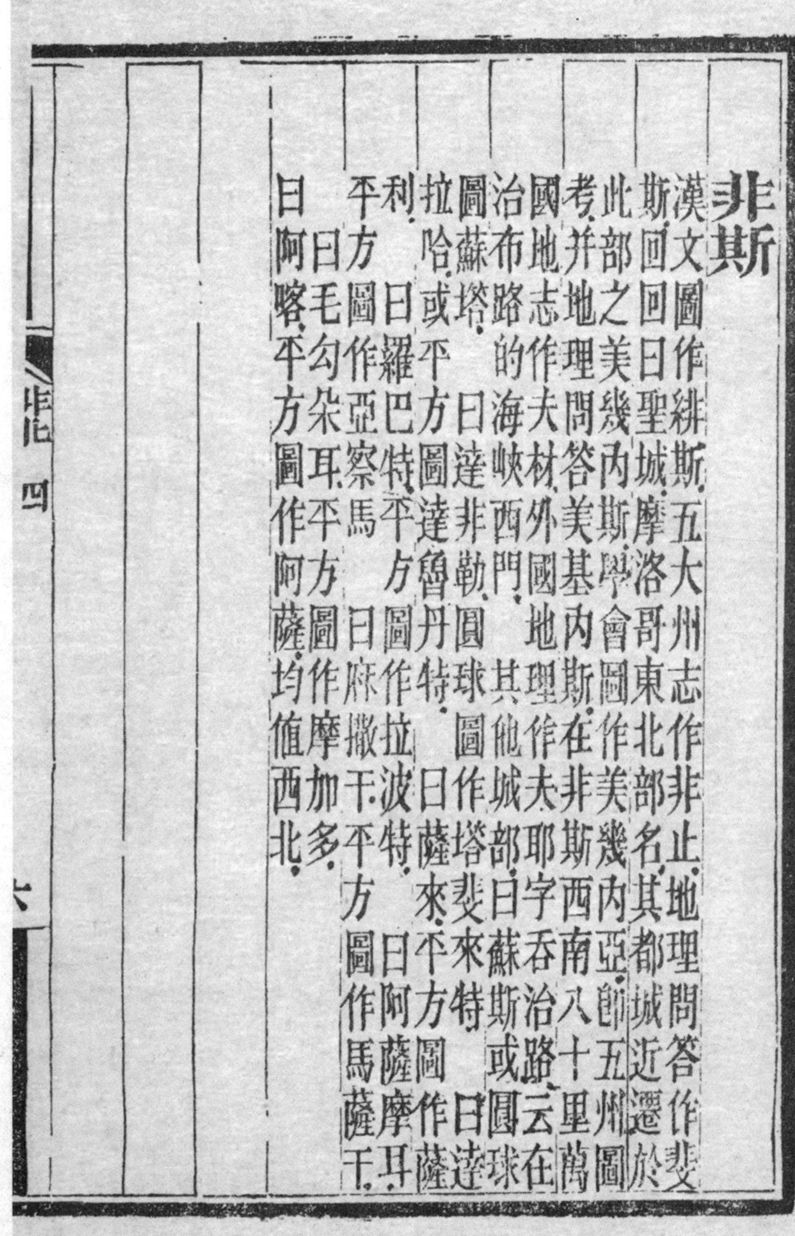

非斯

漢文圖作緋斯。五大州志作非止。地理問答作斐斯。回回曰聖城。摩洛哥東北部名。其都城近遷於此部之美幾內斯。學會圖作美幾內亞。節五州圖考。并地理問答美基內斯。在非斯西南八十里。萬國地志作夫材。外國地理作夫耶字吞治路。云在治布路的海峽西門。其他城部曰蘇斯。或圓球圖蘇塔。曰達非勒。圓球圖作塔斐來特。曰達拉哈。或平方圖達魯丹特。曰薩來。平方圖作薩利。曰羅巴特。平方圖作拉波特。曰阿薩摩耳平方圖作亞察馬　曰麻撒干。平方圖作馬薩干。曰毛勾朵耳。平方圖作摩加多。曰阿喀。平方圖作阿薩均值西北。

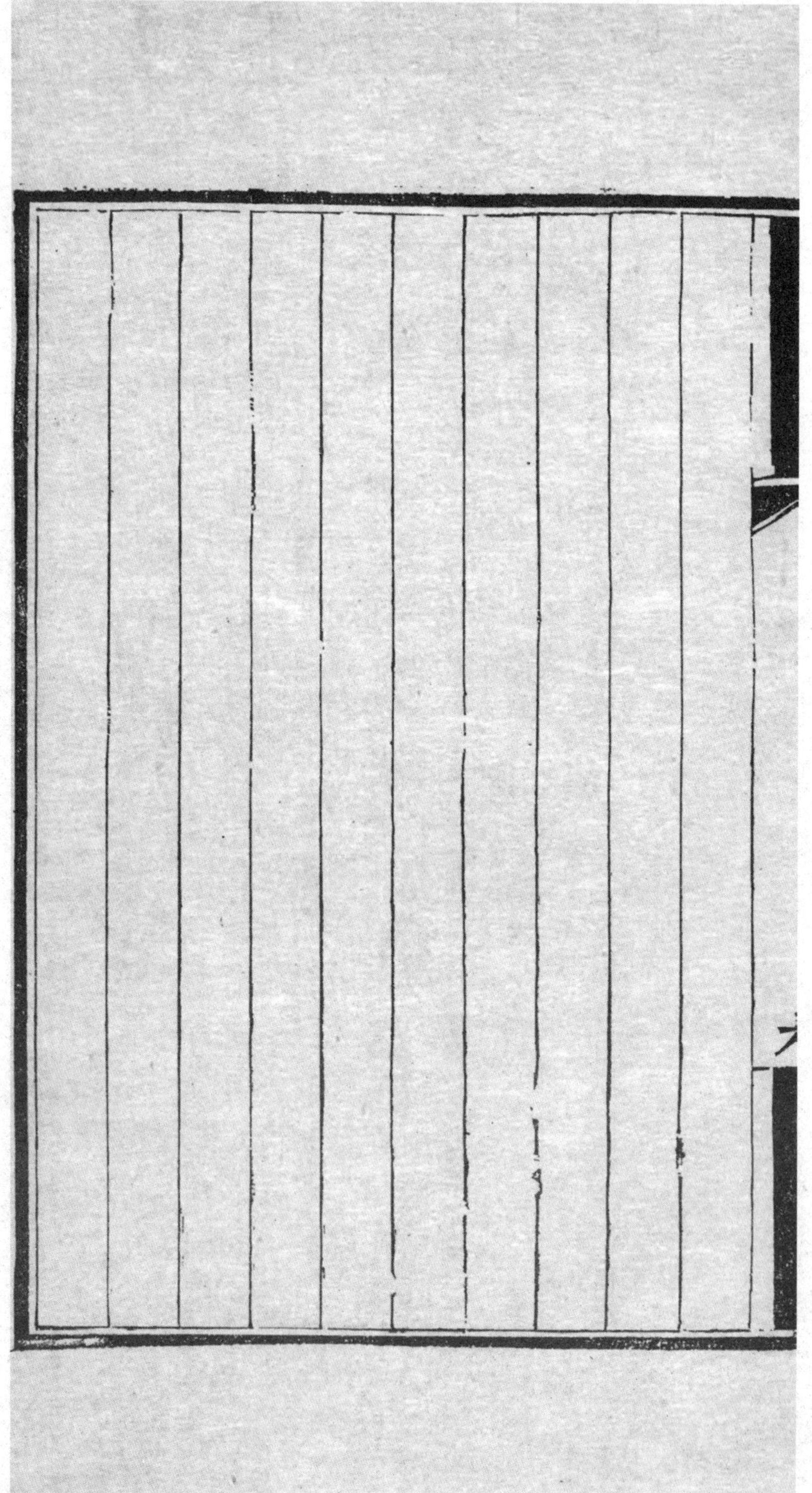

非州中土諸國城地所在

亦日中亞非利加，亦名埃提阿百，在大沙漠南。

哥爾多番

萬國圖作科多番，漢文圖作考爾朵番，世界地學作可爾多樊，全志作哥多凡，在努比阿西南，尼羅河貫其國中，兩岸多沃田，昔屬麥西，近爲英占。

疴卑德

漢文圖作爺爾我別德括地畧作可卑德，全志作阿卑德，萬國圖作厄耳疴卑特，圓球圖作愛耳我拜得科多番會城名，跨河，北有城曰巴拉，圓球圖作提拉，商賈萃集，產鐵及棉花，東南城，平方圖作喀瓦，圓球圖作喀喀克

達爾夫耳

志畧又作他弗，括地畧稱商賈至此結隊而行，號曰格拉文，萬國圖作達夫阿，地理問答作達富耳，

漢文圖作打拉圓球圖作提拜耳答愛世界地學作達爾弗爾在科多番西俗重農國王躬耕勸之昔屬埃及今爲英領其都城日哥卑圓球圖作考比

爾發捨耳

平方圖作法捨耳萬國圖作法什阿全志作哀爾法施圓球圖似作邁得瓦達爾夫耳王所居處地望在北

撒哈拉大地

世界地學作薩哈拉外國地理作撒蛤剌一名麻木爾蠻東界埃及努比阿西接大西洋南至蘇丹塞內岡北北連巴巴利長三千里濶萬里西首近大西洋處屬西班牙東首沙漠名利比阿萬國圖作賴比阿全志作利比硯近歐人頗來建埠通商西首沙漠一部學會圖作亞得拉爾萬國圖作阿達剌會城日瓦丁萬國圖作瓦丹班屬

蘇旦

志畧作尼給里西亞．又作蘇丹．外國地理作斯坦．在大漠南．非州中原也．多立王．爲小國．曾殺英八戈登．近其權亦歸英法．志畧稱分二十二部．或亦稱國．世界地學稱東蘇丹屬埃爲內地．西蘇丹濱大西洋．東蘇丹卽上二地．

瓦帶

萬國圖作瓦代．世界地學作窪帶．一作瓦台．圓球圖作莽喝拉．東與達夫．阿鄰．近爲佛．領此部王操大權．官紳歸附．疑卽漢文圖和大意．都城曰瓦拉．萬國圖作瓦剌．爲南北互市處．往大漠者自此北行．居中城．平方圖作庫都古斯．圓球圖作科朵勾斯．

備嘎米

世界地學作巴幾爾密．卽志畧巴也爾美．圓球圖作果果密．平方圖作巴給爾美．萬國圖作伯嘎例．

在察德湖東南臨刷里河志畧稱蘇丹領部萬國地志稱培級米獨立州

卡念

值察德湖北一作加能在蘇丹境內平方圖作亞加典學會圖作亞加丁北界沙漠有必耳麻城平方圖作比爾馬東北界沙漠有嚴城平方圖作焉

亞達瑪瓦

平方圖作亞德馬瓦萬國圖作阿達麻瓦郎亞大馬瓦在蘇丹界內雜德湖西南沿河產稻多五金礦其湖西城地理問答作古嘎平方圖作庫喀圓球圖作固喀距雜德湖尤近值亞達瑪北全志作古嘎瓦云郎波努首府

波爾奴

亦稱卜爾勒國萬國圖作波努地志作薄紐學會圖作波奴爾在乍德湖西全志稱有文化一說能

自强而藝術不精．漢文圖又作被倫．首城卽古嘎．西有屬城．學會圖作喀那．圓球圖作喀奴．西北互市地．圓球圖作開賚．西那．學會圖作開特森拿．

沙加都

平方圖作索科多．萬國圖作索可吐．萬國地志作砂克推．世界地學作梭可多．在波爾努西．雄鎮中一．原蘇丹中首屈一指．其王居處曰梭各多．在北．一作梭哥．一作薩加都．圓球圖作薩喀吐．地理問答作梭哥多．卽索可吐．漢文圖作索哥德拉．稱京城與部同名是也．互市塲．

牙黎巴

平方圖作雅科科巴．萬國圖作雅可巴．圓球圖作雅科拉．地理問答作嘎挪．全志作嘎那．卽牙里罷．蘇丹屬部．值沙加都東南．

丁巴都

一作丁波噶志畧作丁不各都萬國圖作田卜吐圓球圖作廷抔吐地理問答作典伯革度首邑同名在尼日爾河灣環處之北志畧稱蘇丹屬部爲商賈萃集度漠處値沙加都又西北全志稱爲馬西拿首府

卜爾古

志畧作波爾古在尼日爾河上東與沙加都相距部落紛紜擁地自守河北部曰岡干平方圖作岡多會城同名萬國圖作干度圓球圖作干朵地理問答作干多稱其都城名布嚘河東部曰堯里平方圖作約里河西部曰布薩平方圖作布桑河南土部曰備年圓球圖作比甯學會圖作伯甯隔河相距即英屬班多全志則稱堯里備年等爲奈遮地歸英管

邦巴拉

一作莾馬臘萬國地志作緋姆勃拉地理問答作班巴拉志畧作上邦巴拉下邦巴拉道光朝始分

二地，在蘇丹西境，亦屬部，值馬西拿西南。

塞俄

地理問答作色哥，平方圖作塞哥，圓球圖作賽果。上邦巴拉都城名。其下邦巴拉都城，名仁內地理問答作貞內。塞俄西南城，平方圖作班馬庫，圓球圖作巴麻考，均在尼日河上源。

馬西拿

志畧作馬昔那，地理問答作瑪西那，萬國圖作馬辛納，蘇丹屬部，一本稱為下邦巴拉藩服，值丁巴都西南。

桑加拉

一作桑海，在馬西拿西西南。志畧稱部。準其地望，在尼日爾河最上源處。

必勒

圓球圖作必力學會圖作畢爾在作得湖東北近
沙漠亞斯班圓球圖作喑斯本丁得魯斯特
圓球圖作廷台婁斯阿喀代斯平方圖作亞加
得斯均值波爾奴西北近沙漠日叨底逆平方
圖作叨的尼日阿拉克西夫學會圖作厄爾厄
格拉布平方圖作亞木爾格拉吉木曰拜拉巴
斯平方圖作倍爾亞巴斯均值田卜吐西北近沙
漠曰西領瓦塔拉亦號稱畢魯值上邦巴拉北
近沙漠往來
均有路線

七

非州東土諸國城地所在

索瑪利國

平方圖作索謀里蘭括地略作安馬利講義作叟馬利萬國圖作索麻利地理全志作索謀利近報作撒馬利遠外國地理作疏麼利地理問答作梭茅利稱又名亞然亞德郎志略亞德爾亦作亞占海國圖志作阿匿爾地理全志又謂索謀利爲亞德屬部其國北屬英西北屬法東南屬意在阿比西尼東南貼近印度洋西阿丁海股南有海角世界地學亦稱梭馬利 都城曰賽拉平方圖作西拉在 巴巴拉西偏北隔海灣與謀沙相值 亞德爾卽學會圖哈拉爾

巴巴拉

學會圖作貝比拉值亞丁灣口南地理全志作白白拉圓球圖作抔比拉近報作巴伯拉地理全志稱亞德爾屬部地理問答稱梭茅利大城世界地學稱紅海岸有英領別爾別拉卽此

痾比阿

學會圖作鄂比亞。今意領索瑪利屬部名。東臨印度洋。又世界地學稱紅海岸有佛領窩薄庫。地理全志又稱亞德屬部有黑拉牙蘭二地當屬索瑪利。而各圖不顯。

加爾拉國

學會圖作加剌蘭。萬國圖作嘎拉土。又名鄂馬五大州志作烏斡達。地理問答作嘎拉人志略作亞然。又作然貴巴。謂在亞德爾南。以地望準之當在西南也。與阿剌伯互市海濱。即漢文圖亞桑昔土番別部。今英領。西北部。平方圖作邦加。圓球圖作邦噶學會圖作班加。

巴拉瓦

萬國圖作勃拉瓦。圓球圖作巴拉發加爾拉最大部。城建海濱。有深澳。便泊船。西南城。萬國圖作如巴。平方圖作周巴圓球圖作帕塔地望值如巴河下流。以河名。未知所屬。當是意領。

桑給巴爾國

萬國圖作桑給罷。萬國地志作散吉巴圓球圖作散西巴地理問答作桑革巴。講義作產吉巴。在梭芽利西南。莫三鼻北。北小半屬英。南小半屬德。世界地學稱英領山幾巴爾島。全志稱北曰東英屬南曰東德屬。志略稱民皆黑番。地分數部。現賣黑番事英已嚴禁。

散西巴

萬國圖作三西巴。萬國地志作若齊排。漢文圖作散地巴島。桑給巴京城名。在本國東。貼近印度洋。

幾羅阿

圓球圖作啓羅唵。漢文圖作幾耳瓦島。值散西巴又南。海口同名。屬德。

蒙巴薩

值散西巴北。卽全志忙巴撒。英駐總督處。地理問答作門巴斯。圓球圖作毛母巴斯。志略稱爲唐書

老勃薩自拂箖西南行二十日即至其國者是也拂箖即猶太

美林德

值蒙巴薩北即全志烹林云歸英護圓球圖作連凌答志略又作黑林他稱即唐書磨鄰平方圖訛作姜林德又萬國圖蒙非阿島平方圖作蒙非亞圓球圖作莽斐阿亦桑給罷屬地值島南當屬德

馬加多朔

萬國圖作馬葛度素地理問答作瑪嘎多舍圓球圖作抹軋道克梭東臨海地望近巴拉瓦志略稱桑給罷稍大部據全志及學會圖當在意屬索瑪利境內

莫三鼻給番

志略又作磨三密括地略作莫三比給圓球圖作摩散毋比克地理問答作摩散比革萬國圖作莫

三鼻克通商地在迤北亦曰莫三鼻給葡建埠頭島名同葡國地志稱爲馬雜培克要港世界地學稱爲摩沙比庫海島值桑給羅南蘇魯北葡屬近頗自立志略又稱葡辟地凡七處

基利瑪內

莫三鼻給京城名逼近莫三鼻給海岔值三比西河口學會圖作給里馬內圓球圖作啓里麻乃志略作幾里馬內稱葡七地之一爲主要商埠

索發拉番

志略又作所服剌一作蘇華朧圓球圖作梭發拉地理問答作梭法拉漢文圖作撒發拉在莫三鼻給西南都城同名葡人所據海口卽索發拉灣似卽全志大謀尼或書巴拉亦七地之一志略稱葡辟地有塞內圓球圖作賽那義能巴內學會圖作義汗巴內圓球圖作乙那毋班薩比亞圓球圖作薩比阿均臨海義能巴內全志又作走仁老瑪盔

麽諾麽達巴番

圜球圖作摩奴摩塔帕。括地略作摩諾麻達巴。志
略稱在莫三鼻給西南。本黑番大部。近惟麽加郎
瓜一部。學會圖作摩加拉瓜者最强。以地望準之。
卽平方學會等圖摩大貝勒土部。全志稱英屬散
備西河南部。有馬達伯。或指此。並
馬壽奈。及河北尼亞撒。曰羅特沙。

馬可羅羅番

地理問答作瑪哥羅羅人。圜球圖作麻科羅羅。在
三比西河上游。以地望準之。卽學會圖曼邦得。平
方圖馬西科。沿河屬地。平方圖有利亞雷。圜球
圖作那力愛耳。又東南。平方圖有塞設刻。圜球
圖作賽腼克。又西南。平方圖有鄰牛提。圜球圖
作力逆安別。又東北。平方圖有滿塞。圜球圖作
莽賽。又北卽科馬能布。
學會圖作塞馬能貝。

馬塔卑力蘭番

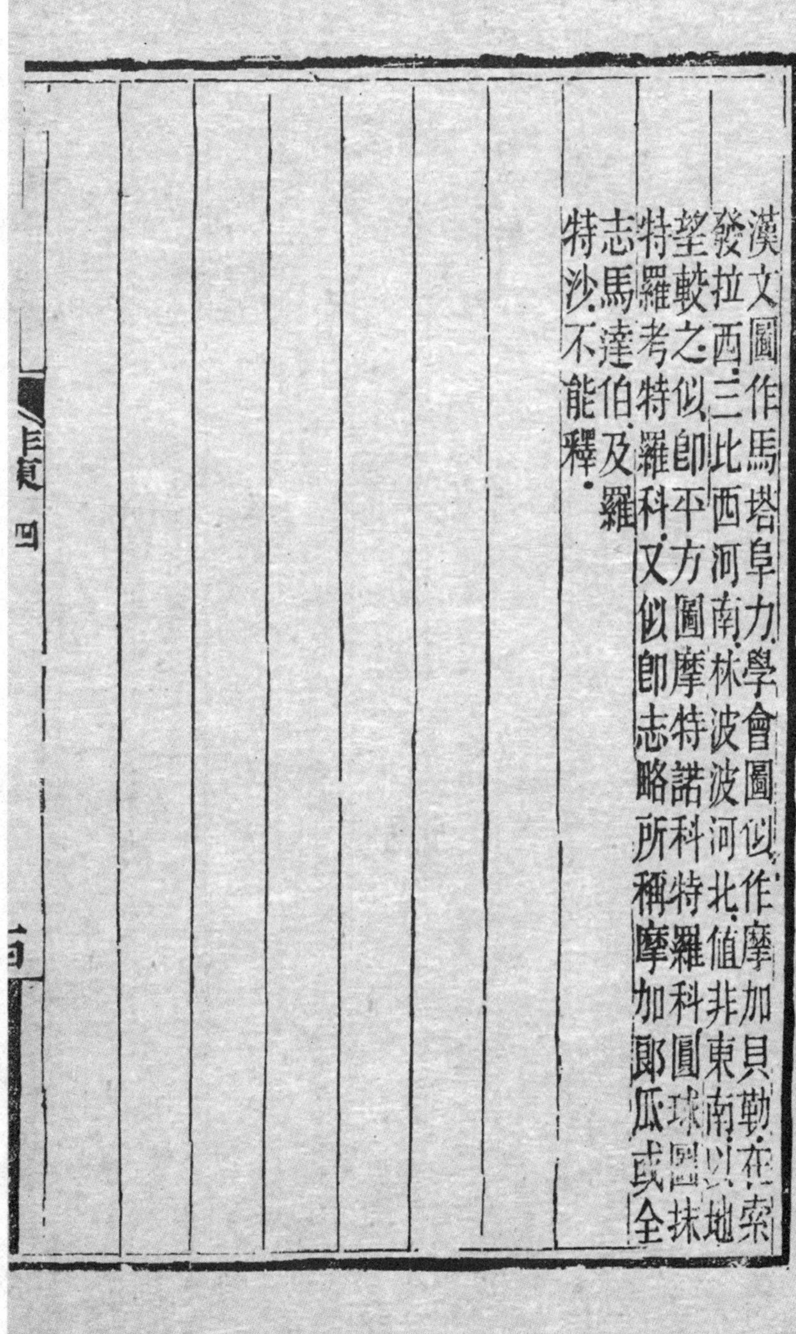

漢文圖作馬塔阜力．學會圖似作摩加貝勒．在索發拉西．三比西河南．林波波河北．值非東南以地望較之．似即平方圖摩特諾科特羅科圓球圖抹特羅考特羅科．又似即志略所稱摩加鄉瓜或全志馬達伯．及羅特沙．不能釋．

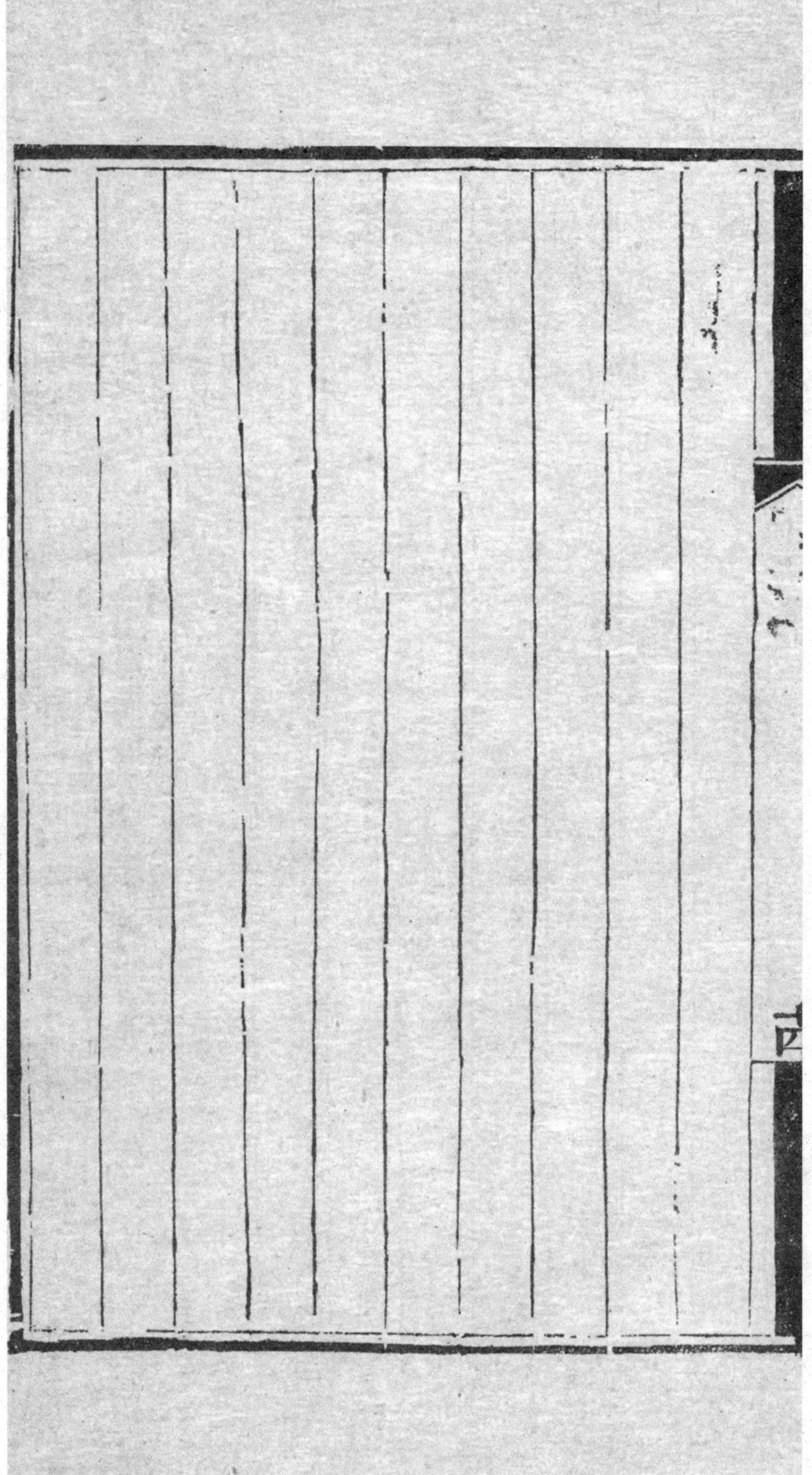

非州西土諸國城地所在

塞內岡比亞國

萬國圖作先尼岡比阿。漢文圖作賽尼軋毋比阿。萬國志作塞納搿培亞。地理問答作森伊于比亞。世界地誌作賽革比亞。地學稱佛領塞涅堪比阿。講義作雪尼幹比亞。法志作塞內加爾。外國地理作些尼壓未俾亞。在西蘇丹西。上堅尼西北。合先尼葛耳岡比亞二水以名國。地產金。志略稱分小國二十。撮其大略。曰邦不各。即圓球圖班布克。曰加疴爾達。即圓球圖喀海代土部。曰瓦考克。平方圖作瓦科爾。曰弗義尼。圓球圖作布里巴尼。曰牙尼。即圓球圖瓦尼俄。海濱有英法葡三國地。

甚盧義斯島

平方圖作森特盧義斯。地理問答作散魯伊斯。萬國圖作聖魯易。漢文圖作散得爾以斯。圓球圖作

散魯乙斯一作桑盧伊在先尼葛耳河口法創闢地即塞內岡比亞會城

哥勒亞島

值佛得嘴南平方圖作哥勒講義作魯尼亞志略稱法創闢地西臨海凡法船赴亞州者必至此島收泊以地望準之似即圓球圖泡特魄來阿外島佛得嘴亦法屬圓球圖作斐耳代全志作斐德

烏阿羅島

亦法創闢地邊海建礮臺設埔頭當即學會圖穆波羅又南地平方圖作巴得斯特圓球圖作拜走斯特萬國地志作白薩斯脫漢文圖作波撒爾斯德地理問答作巴德斯德稱在岡比亞河口英商埠尚有地曰比撒古值先尼岡比阿正西南即圓球圖必賽果斯羣平方圖比薩哥斯羣島屬葡島北乃法屬喀拉巴內均傍海

些拉雷俄內

世界地學作西蘭列文萬國地志作裒刺利奥尼五大州志作雪拉艮英志作塞拉略尼外國地理作詩路拉叨安圓球圖作西愛辣里俄尼志略作塞拉勒窩内又作西爾拉鳌阿尼又名獅山在岡比亞河又南英屬地現開館化黑番

弗利盾

平方圖作佛里敦萬國圖作夫里當漢文圖作布里太翁圓球圖作乏里些拉雷俄京城名西臨海

幾内亞國

平方圖作上幾内亞萬國圖作上堅尼世界地誌作上格尼亞圓球圖又作勾尼阿地理問答作上基尼一本作西爾得外國地理作昆二亞產金在塞内岡比東南公山南漢文圖稱京城名根給西南界海東北界蘇丹中有公山爲與塞内岡比及蘇丹界劃處西北沿山曰提米平方圖作地木曰刋刋平方圖作坎坎日坦妲波平方圖作的姆波乃七部

亞干的亞

萬國圖作阿山提平方圖作亞山提泰西新史作亞酸梯圓球圖作愛善提地理問答作阿珊第稱上基尼內小國外國地理作亞陳池稱英領志略則稱爲幾內亞分部會城名庫抹西圓球圖作科麻昔地理問答作古瑪西學會圖作康穆西南臨幾內亞灣學會圖謂爲土部

達賀美

植亞干的東北萬國地志作達霍梅稱獨立州在上基尼境世界地學稱達和蔑王國全志稱法領外國地理作特何咩爾法保護國志略作達痾美稱爲分部京城名阿皮美有女兵世界地學作阿波蔑府又幾內亞分部可核者曰加瓦利平方圖作亞爾利曰拉各斯圓球圖作拉果斯曰亞爾達拉臨海平方圖作亞克拉圓球圖作唵克拉極北部平方圖作庫尒非拉圓球圖作庫耳緋拉曰窩哥多哥圓球圖作倭果朶果均分列公山南北

透勾

全志云介金邊與遠賀美間德領地卽哥蘭外國地理稱巴思二亞內德國保護之大州志之透𡼏蘭

里卑利亞國

志略又作危尼萬國圖作賴比里阿括地略作亦尼圓球圖作拉比里阿萬國地志作利培里亞地理問答作來比利亞上基尼西南國亦在粒濱境內合些拉名果粒灘美新闢地釋黑奴與土番雜耕世界地學及外國地理均稱利卑利阿共和國亦稙亞干的西南粒濱郎彀邊學會圖又稱格來音庫斯特

禾羅末亞

圓球圖作孟老斐阿萬國圖作蒙羅維阿世界地學作蒙路比阿都漢文圖作蒙爾比亞地理問答

作門羅斐亞．平方圖作瑪羅菲亞．里卑利都城名．西南臨海口．爲艦船絡繹所．

象牙灘

全志稱屬法．與所屬蘇丹連爲一部．即學會圖象邊．值里卑利東．厄尒迷那西．又西．有巴勒瑪角．學會圖作巴尒買斯．

哥斯建斗羅

值亞干提南．志略稱又名金邊漢文圖作金濱萬國地志作若斯得克且斯．學會圖又作哥尒得庫斯特．一作溝勒扣斯斯特．英新闢地．產金沙極多．外國地理稱邑二亞丙．有英領銳路伯．或指此．

厄爾迷那

平方圖作厄尒迷那．圓球圖作爰耳米那．萬國圖作厄爾迷納．地理問答作阿表古達．在阿山提南濱海荷蘭埠頭．此外嗹國埠頭名給里斯的巴爾各．即圓球圖克力斯提安斯保格．值厄尒迷那

北偏東西南臨海圓球圖作開魄科斯斯開斯斯耳平方圖作開普科斯特喀斯斯特勒亦英商埠全志謂之哥斯嘎斯

喀麥隆

世界地學稱獨領加蔑任云在波努東當是東南也全志稱德屬嘎沒龍河名同入基尼海股出油甚多據學會圖比阿夫辣乃其領部

比阿夫辣

值蘇丹亞得瑪瓦西南法領公額北平方圖作比亞佛拉地理問答作比阿弗拉萬國圖作比阿夫辣番德人經營地屬幾內亞部

公額國

志略又作公我括地略作公俄萬國圖作孔戈又名薩伊阿世界地誌作孔哥地理問答作庚哥一

作雷分斯岌或里温斯登在上堅尼南圓球圖名下吉尼阿一名南幾內亞西北爲法領康固郎世界地學佛領孔戈東南爲自由國以孔戈河分境東近馬可羅羅西抵西洋名因河得爲非西近中地局外自由國爲比利時與各國訂約時立王亦比人志略稱分小國二十一可核者曰科蘭多郎志略白倫多曰科三給郎志略加三曰曰古寗加郎志略古凝加曰幾薩馬郎志略幾薩罵沿河地曰班加刺郎全志圖邦嘎拉在北曰史坦雷郎全志圖史担利瀑在南五大州志稱爲通鐵路之斯丹列

保麻

萬國地志作聖把尒全志作巴瑪五大州志作薄摩學會圖作波馬圓球圖作愛母保麻世界地學作播馬府公額都都城名比置總督近河流入海口地學稱河上流有刘窩波得驛又上有赤道驛及姆布亞驛皆英人斯丹列氏遠征足跡所到區亞都西南城圓球圖作喀班答平方圖作喀奔

達屬葡西臨海又南即班拿拿大商埠全志作巴那那

羅昂額

值保麻西北都城同名一作羅安多萬國圖作羅昂戈圓球圖作羅安果地理問答作羅昂哥志略稱公額分國臨海城平方圖作馬雍巴圓球圖作馬歐母巴又在北方當法領界內

安果拉

地理問答作安哥拉萬國圖作安戈剌萬國地志作恩喝拉漢文圖作昂疴拉葡創闢地世界地學作安科蘭稱蘭領誤在孔戈以南海岸地北方都城地理問答作散保勒萬國圖作聖保羅德羅昂達圓球圖作聖波耳亘羅阿恩塔即羅安達也又北臨海城圓球圖作愛母白力斯平方圖作安姆布利自南有城漢文圖作散三爾巴德地理問答作散撒勒法多似即平方圖羅佛勒當多學會圖那佛勒當多亦臨海

奔給拉

漢文圖作邊幾拉、地理問答作笨革拉、萬國地志作盆犄拉、圓球圖作本該耳、葡新闢地、在安果拉南、城名同、臨海。

莫盧阿斯

學會圖作模里羅、又作伊大瓦、地有湖、並模亞塔即盧盧亞、均在內、值坦干尼湖又西、萬國圖作麽羅瓦、又名烏魯阿、即圓球圖羅魯阿志略稱公額所分小國、地理問答於是處載有烏支支等名。別有部、曰喀馬斯、在莫盧阿斯南、亦屬公額、似即平方圖喀帖馬、圓球圖喀吐麻。

非州南土諸國城地所在

加弗勒里亞番

志略又作喀士列里。圜球圖作喀乏拉里阿。地理問答作嘎弗雷利亞。萬國圖作加弗勒里。卽泰西新史卡飛兒。全志嘎弗兒。在加不東北。東面距印度洋。黑番種民。務稼穡。地屬英。

巴瑪敦

志略作馬哈巴羅隆。萬國圖作帕馬頓。學會圖作葩麥爾屯。加弗勒里首城名。英人隸於加不。

星卑巴西亞

在學會圖摩薩彌得斯東。西與三達厄那島相值。其種人又名星卑巴斯。地理問答作散備西亞。全志作英屬散備西地。亦作三比西阿跨河南北。在西士公額南。西距大西洋。南界痾丁多的黑番。不成部落。

痾丁多的亞番

一志略又作合丁突黑番名痾丁多的全志作霍屯督世界地誌作黑顛的特一作赫盾德即霍坦託賚萬國圖作痾往坡圓球圖作俄番坡平方圖作鄂芬波又作合丁北界孔戈南界俄蘭支部落甚多近為德人鈐制北有斐歐土角即學會圖佛略全志圖非歐

哥拉那

志略稱為痾丁稍大散部當即地理問答嘎那哥學會圖加窩科萬國圖又作痾卡瓦阿平方圖又作鄂喀瓦尒地望值達麻拉北學會圖地望在痾丁多西南臨西洋

達麻拉斯

即達馬那值痾丁多東南志略及萬國圖均作達馬拉地理問答作達瑪拉世界地學作達馬蘭稱德領稍通禮數

痾丁多散部

那馬瓜

値達麻拉又南。萬國地志作納姆夸。萬國圖作大那馬夸。地理問答作那瑪馬瓜。世界地學作拏馬瓜。稱德領。痾丁多散部。 西北屬城。平方圖作勘和波特。圓球圖作來和保賚。二散部惟多草地。可牧畜。

波支斯曼

似在達馬拉部中。或即萬國圖路以。班。學會圖搭卜曼斯多个夫。漢文圖塞布曼斯德。平方圖巴曼等處。痾丁多散部。以上漢文圖統稱德領西南亞非利加。志略統稱痾丁多的部落。 又學會圖布什曼滇。與波支曼音近。在達馬拉境外。

岋科崙尼

志略又稱岋杙。亦作岋阿穩曷。亦作加不。亦稱好望海角。即哇特角。英志作岋枓哥羅尼。地理問答作內革伯哥羅尼學會圖作開普蘭平方圖作開普科琅尼圓球圖作開魄考老尼括地略作高老尼土角漢文圖作角考老尼東南距印度大西二洋交滙處在非州正南俄蘭支西南昔時歐州往來要道葡始尋得荷繼有之近英人派員治理雪山亘國中

吸朴敦

亦作加不萬國圖作吸當地理問答作開伯盾譯即角市平方圖作開普敦漢文圖作開魄唐世界地誌作開普他溫外國地理作嘅布湯設朴京城名有鐵道盛貿易英設官扼往來印度之路爲昔商船寄椗所今不盡由地形銳入大南海極南土角曰好望近史作担上担岬即大浪山轉東有阿古拉斯角平方圖作阿姑雅斯世界地誌作阿加尒哈斯地學作阿格尒窪岬萬國地志作亞犿拉斯

那達爾

平方圖作波特那達爾地理問答作那達勒學會圖作納塔耳世界地誌作那突爾亦曰惟多里圖球圖作那塔耳講義作內特尒外國地理作拿他路偵俄蘭支東南蘇魯西南英置兵帥領之首城曰波那達爾地理問答作彼德瑪利支波革平方圖作比得馬利斯波格圓球圖作麻力特布耳海口曰度耳班學會圖作德班亦作特辦其地初爲葡人加墨尋得後歸英領

波布旉

似即學會圖布里答斯斯達普西距好望角東距阿姑雅斯角其地理問答之革雷黑盾即學會圖之格拉含斯唐又在加弗勒里西南東倫敦西

特蘭斯法勒國

圓球圖作特蘭斯什耳又譯達郎斯薇爾萬國地志作得拉斯維尒漢文圖作杜蘭西波爾世界地學作脫蘭斯哇耳地誌作特蘭資維尒平方圖作德蘭士瓦外國地理杜蘭斯蛙路地產金北界馬

塔卑力。南界俄蘭支。險阻易扼守。本荷蘭地。爲民立共和國。近因商人與英戰敗。幾爲所併。而英亦大耗。

伯士里亞

平方圖作比勒陀利亞。地理問答作伯士利亞。漢文圖作伯里杜利亞。世界地學作勃列脫利阿。特蘭斯都城名。前英發大兵破之。鐵路達海口。有大城。曰約翰布革。或卽學會圖奇木貝勒。産金最盛。

俄蘭支國

圓球圖作奥凌賁。漢文圖作阿蘭地。萬國地志作奥倫。其平方圖作鄂蘭吉。萬國圖作鄂蘭啇。外國地理作阿零治。稱自由國。又譯荷蘭枝。以其初本荷蘭種也。與河同名。北界特。南界吸朴。近以助特敵英。失利講和。歸英領。有總督治理。

白魯母方定

平方圖作布羅伊木方丁。全志作玻冷凡太。云鐵道通峽朴敦。世界地學作布爾因和亭。萬國圖作勒隆奉夫。俄蘭支京城名。英屬。偵西南。

別如阿那斯番

似郎學會圖東巴曼瓦它西貝專納等地。萬國圖作伯楚阿那。泰西史作鼈邱鴉拿。云慕法曾至其地教化之地理問答作備朱阿那。漢文圖作不善阿那。世界地學作別邱阿蘭得。嘗非南適中地。偵特西。包加剌哈里沙漠。古荒地。今可耕。知禮義。歸英領。屬城二。曰古魯曼。平方圖作庫魯曼。曰科羅本。平方圖作科羅榜。

白蘇士蘭

講義作巴斯逐蘭。學會圖作巴蘇它蘭。北抵鄂蘭齒河。東南阻今蘭巴山。西南距峽朴。同治十年。英取設官歸吸朴長官治理。即萬國地志薄斯德倫。

格里夸蘭

平方圖作格利瓜敦學會圖作西格利瓜北距則如阿那南臨鄂蘭支河同治十年英取其地設官治理即地志克拂拉利。

蘇路國

萬國圖作蘇盧地理問答作蘇魯平方圖作蘇路蘭萬國地志作持魯倫勤工作在那達爾東北索發拉南東臨印度洋西界脫國事聽命於那達爾英弁即泰西新史蘇祿稱英設官治焉者東南有英領路西亞灣。

加剌哈里沙漠

萬國圖作卡拉哈利漢文圖作喀拉海力。平方圖作喀剌哈里在非南常年不雨。

附島

索哥德拉島

萬國圖作索可特剌地志作沙夸得拉講義作曳口特拉圓球圖作掃科特拉世界地誌作薩多拉地學作梭可脫拉稱英領民奉回教在紅海外印度洋中志略稱與幾羅阿嘗非亞桑西巴爾奔巴四島昔均阿剌伯屬奔巴即本巴

馬達加斯加爾國島

志略又作黑勒阿士咯亦作聖老佐楞圓球圖作抹達軋斯喀地理問答作瑪達嘎斯嘎萬國圖作馬達葛士加外國地理作馬特加斯加在莫三鼻岔東印度洋內乃非州至大海島別爲一國大於日本近全爲法領志略稱分數十部莫可核附近東一島平方圖作森馬利萬國圖作聖馬利亦法領

達那那利物
萬國圖作塔那那里窩萬國地志作恩吞納諾利
維世界地學作安塔拿利破地誌作坦安阿里瓦
漢文圖作大那拿里伯圓球圖作塔那那里佛馬
達加斯京城名在本島中別部可核者曰吐里
阿值本島西南曰搏多芬漢文圖作道芬臺平
方圖作薄芬值本島東南曰塔馬塔夫有海港
東臨印度洋世界地學作他馬脫平方圖作大馬
達威圓球圖作塔麻塔士又北郎平方圖芬內里
菲漢文圖非尼星不曰安剔法值本島東北當
郎志略安達瓦爾斯曰保乙那平方圖作博乙
班在西北東南與塔
馬塔夫隔山相值

毛里西亞島
志略又作目勒突亦作妙哩士亦火山萬國地志
作馬利德斯即木利巔亞斯世界地誌作麥利霞
斯萬國圖作毛里創士圓球圖作毛里希歐斯外
國地理作阿哉路斯地球韻言作毛里刺斯講義

作茂里西亞斯。在馬達加斯東。英地志略。稱有小島四十。全志稱首府名路伊斯埠。爲英海軍煤廠。

不爾奔島

志略又作捕耳本。近史作布尒本。云曾設總督。全志一名壘玉尼恩。地理問答作波爾笨。萬國圖作布阿邦。圓球圖作保耳邦。首府曰三得尼司。全志作聖德尼斯。在毛里西亞西南。志略稱在東者誤。法屬地。不便停泊。然不棄也。產砂糖。

可摩洛諸島

平方圖作哥摩羅。五大州志作口謀陸。地理問答作革摩羅。漢文圖作哥麻羅。屬法。有儲煤廠。在莫三鼻給北。

格老力俄梭島

漢文圖作喀老力俄梭。在可摩洛東北。即學會圖格羅略薩羣。

阿耳達勃剌島

圓球圖作阿耳答。白拉學會圖作亞耳達布拉。英屬。在可洛摩東北。此外羣島曰羅得給者。郎學會圖羅得吉里士。平方圖洛得黎格。英屬。曰塞舌耳者。郎平方圖塞設勒。英屬。曰阿密蘭德者。郎學會圖阿密蘭丁。平方圖亞密蘭。英屬。曰葛勒嗄者。郎平方圖阿葛勒葛。英屬。曰察圖斯者。郎平方圖察各斯隸。英毛里削亞兵帥。

三達厄勒那島

萬國圖作聖黑連納。法志作聖尼勒那。平方圖作森赫勒那。地理問答作散赫利那。漢文圖作聖海淩那。世界地學作善多赫拏。泰西新史作希利納。地誌作聖脫海拉。西洋史要作聖希利納。英志作三厄里那。外國地理作升駝耶叻拏。在大西洋。與南土星卑巴西亞相距地。為英屬。溫平可居。亦海軍根據處。法王拿破崙並特將克郎奇。曾流放於此。蘇以士河未開前。西洋各國東來者。必經此島。

抵非南

好望角

特力斯坦答坤雅島

圓球圖作特力斯坦代固乃。在三達厄勒西南。屬英郎學會圖提利斯當岡哈。講義杜里斯丹。

阿森筍島

平方圖作亞森森。漢文圖作唵森申。萬國地志作亞遜信。講義作亞胥香。法志作黑孫新。世界地學作阿士善。馴在三達厄那西北。英國艦隊貯煤所。外國地理稱歷息桑者是。

桑多美島

地理問答作散多瑪斯。圓球圖作散叨抹斯。講義作陶瑪斯。在幾內亞海灣中。葡闢此地。植葡萄釀酒。

北林西卑島

平方圖作北林西。圓球圖作魄淩斯。講義作浦林斯。亦在幾內亞海灣中。葡闘地。稍南島學會圖作安諾弃。平方圖作安那邦。地理問答作安挪笨。屬西班牙。北林西東北島。圓球圖作散杜抹。

法難多坡島

地理問答作斐南多波。平方圖作菲狠多。講義作非兒南兜。漢文圖作非爾南士波。在幾內亞海灣中。屬西班牙。東北與比亞佛拉灣近。

綠山頭羣島

萬國圖作威德角諸島。又名綠山頭。圓球圖作緋耳代角。平方圖作開普威德羣。萬國地志作愷拍維得。在塞內岡比亞西。地產鹽。亦西闘土郎外國地理綠岬島。學會圖又作佛得角。云屬葡。與志略異。或今昔不同。

加拿列斯羣島

圓球圖作格蘭得喀那里萬國地志作加奈里地理問答作嘎那利羣西洋史要作加拿里漢文圖作加拿列世界地誌作加那利哥侖布尋地抵此島內大山曰對納利夫即志略德內黎非圓球圖坦耨力夫商船望爲標準在摩洛哥西亦西闢地東北島曰蘭塞羅得圓球圖作蘭賽羅臺有火山時吐煙燄最西小島曰佛珹爲東西兩半球分割點圓球圖作浮羅平方圖作佛羅　互見西班牙

修達島

志略稱在直布羅陀口門內附近摩洛哥屬西班牙平方圖作圓圈似城非島惟口門外羣島萬國圖作馬秩辣圓球圖作麻氐辣萬國地志作麥特利地理問答作瑪德拉羣漢文圖作麻德拉世界地誌作阿的辣地學作馬梯拉稱葡屬學會圖同即外國地理馬麥拉與志略所舉究異地

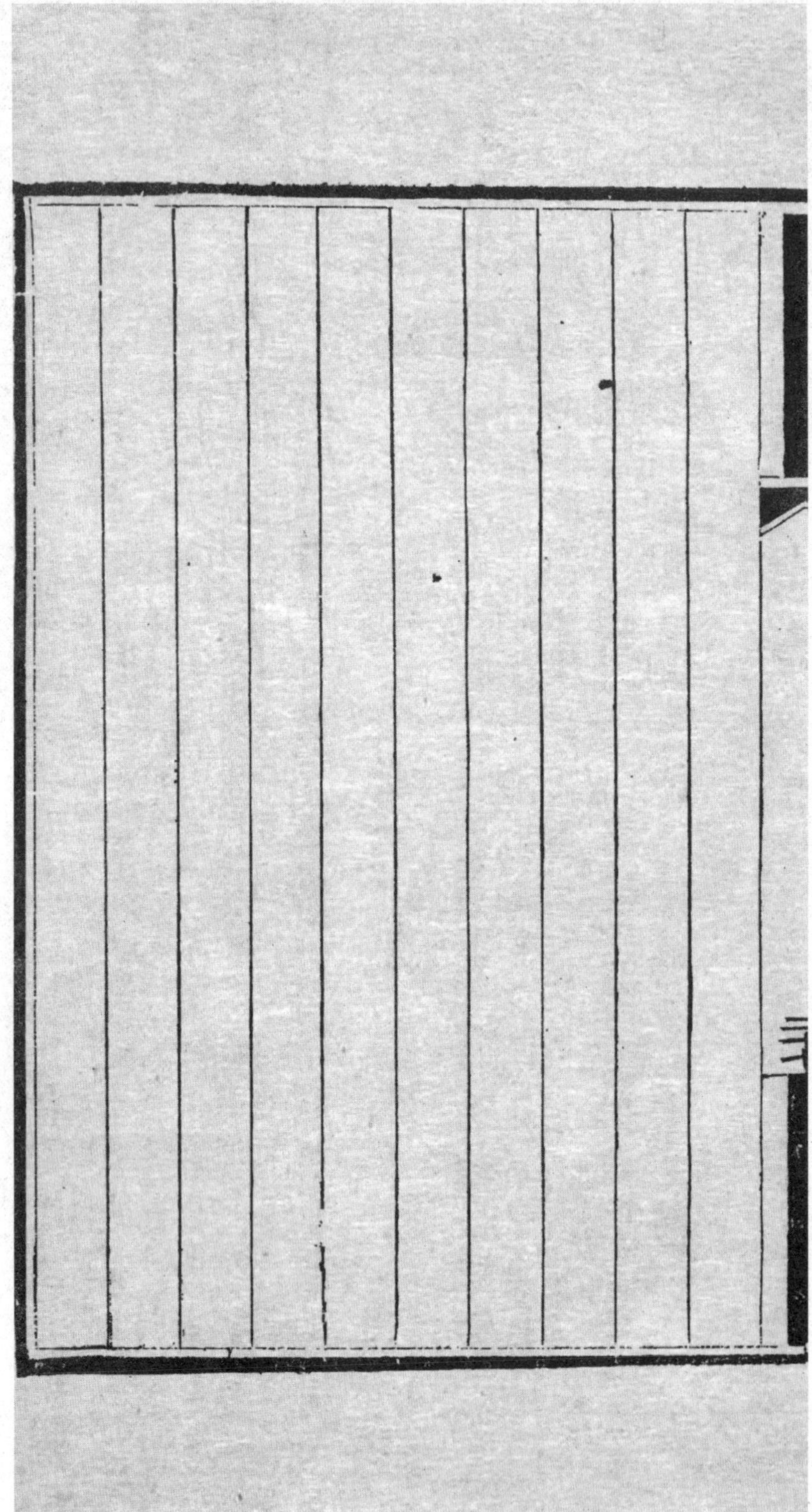